기록되지 않은 기억 군함도

기록되지 않은 기억 군함도

초판 1쇄 인쇄 2018년 10월 5일
초판 1쇄 발행 2018년 10월 15일

저 자 이혜민
발행인 윤관백
발행처 ▨동안선인

디자인 박애리
편 집 이경남 · 박애리 · 김지현 · 임현지 · 정서영 · 김진영
영 업 김현주

등 록 제5 – 77호(1998.11.4)
주 소 서울시 마포구 마포대로4다길 4 곳마루 B/D 1층
전 화 02)718 – 6252/6257
팩 스 02)718 – 6253
E-mail sunin72@chol.com

정 가 15,000원
ISBN 979-11-6068-213-7 03910

기록되지 않은 기억 군함도

이혜민

도서출판 선인

기록의 부재, 그 안타까움

10세 때 일본 고베에 방문해 이모할머니를 만났다. 고물상을 운영하는 이모할머니는 인자하셨다. 오래전 죽은 동생(외할머니)이 살아 돌아온 것처럼 동생의 손녀인 우리를 반갑게 맞아주셨다. 처음으로 해외여행을 온 나는 이곳에 정말 잘 왔다고 생각했다. 하지만 이모할아버지를 만나면서 그 생각이 사라졌다. 고베 집에서 괴물처럼 생긴 이모할아버지를 마주치는 것만으로도 섬뜩했다. 먹고살기 어려워 일찌감치 일본에 왔다는 이모할아버지는 조선소에서 일하던 중 일본인들에게 린치를 당했다고 했다. 몸이 낫으로, 도끼로 찍혔고, 몇 날 며칠 사경을 헤매다 목숨만 건졌다고 했다. 헐크처럼 흉측한 얼굴이 그 증거였다.

아마도 그때 처음 민족이 뭔지, 조국이 뭔지 알아야겠다고 생각했던 것 같다. 힘이 없으면 무자비하게 당한다는 사실도 어슴푸레 알게 됐다. 그러고는 잊었다. 세월이 흘러 나는 기자가 됐다. 인권활동가가 되고 싶어 인권운동사랑방을 비롯해 여러 시민단체를 기웃댔지만 그릇이 크지 못한 터라 적당한 오지랖을 떨 수 있는 직업을 택했다(활동가가 되지 못한 죄책감으로 활동가들을 도와주는 시민단체, 인권재단 사람을 후원한다). 언론사 취업 삼수를 하면서 고단했지만 그때마다 '기자가 되면 소외된 사람들의 목소리를 듣겠다'고 다짐하며 버텼다. 명석하지 않은 사람은 노력을 게을리하지 말아야 한다는 진리는 이때 배웠다.

어릴 때부터 나는 "애어른 같다"는 이야기를 들었다. 남다른 행동을 하면 칭찬받는다는 사실을 경험적으로 알게 됐고 계속 그렇게 살았다. 메이저 언론사에 입사한 뒤로는 줄곧 마이너리티를 취재했다. 나와의 약속을 지키고 싶었다. 군사 독재정권 피해자, 국군포로, 난민, 마약 중독자, 발달장애인, 성 중독자, 학대 피해자를 만났다. 하지만 지속적으로 마이너리티를 취재하는 기자는 환영받지 못했다.

그러다 한일 과거사 문제를 취재하면서 이곳이 내가 있어야 할 곳이란 확신이 들었다. 김민철, 박유하, 박인환, 방일권, 오일환, 윤명숙, 이성순, 이희자, 정혜경, 조시현, 허광무 선생님의 격려가 큰 힘이 됐다. 올해 엄마에게서 "돌아가신 네 외할머니가 히로시마 원폭 피해자일 개연성이 높다"는 얘기도 들었다. 무엇이 나를 이 길로 이끄나 싶었는데 몸에 흐르는 피가 동력이었나 보다. 요즘 나는 어릴 때 봤던 이모할아버지의 흉측한 얼굴이 자주 떠오른다.

한일 과거사는 옛이야기라고 생각했다. 그런데 이 길을 걸어가면 갈수록 현재 이야기란 생각이 든다. 몇 해 전 사이판, 팔라우를 취재했을 때 일이다. 그곳에 조선인 위안부가 많이 동원됐다는 짤막한 설명문을 보고 현장을 찾아가 봤다. 한인 자원봉사자들과 함께 며칠 동안 그곳의 거리를 걸었다. 하지만 생존자는 물론이거니와 관련 자료도 찾지 못했다. 내가 얻은 건 현지인의 증언뿐이었다. 당한 일이 제대로 기록되지 않았다는 사실이 안타까웠다. 상황이 이렇다 보니 일본 정부의 사과를 받아내기가 쉽지 않겠다는 생각이 들었다.

이런 일은 계속해서 찾아왔다. 위안부 생애사 집필을 시도했을 때 일이다. 2017년 9월 전남 담양에 사는 광주지역의 마지막 위안부 생존자 곽예남 할머니를 만나고 왔다. 구순이 넘은 할머니는 우리말을 할 줄 몰

랐고 기억도 온전치 않았다. 중국에서 살다 2004년 MBC 프로그램「느
낌표」출연을 계기로 한국으로 온 할머니의 피해 기록은 빈약했다. 기
록이라고는 학생, 정치가들이 할머니를 위문했다는 뉴스가 대부분이었
다. 책에 실을 피해 기록이 부족해 나는 계획을 단념하기로 했다.

그럼에도 나는 기록하고 싶다. 유대인의 참상은 끊임없이 재확인되
고 있는데 우리는 기록조차 되지 않은 참상이 무수히 많다. 그간 이 일
을 해온 사람들을 폄훼하는 것이 아니다. 이 일을 하는 사람이 너무 적
기 때문에 기록물이 빈약하다는 사실을 강조하고 싶을 뿐이다. 게다가
우리나라는 이런 문제를 문화인들이 소설, 만화, 영화, 뮤지컬 등 다양
한 분야에서 논의하고 있다. 문화는 중요하다. 하지만 문화는 문화다.
이 일이 역사로 남으려면 기록으로 보존되어야 한다. 과거를 기록해 이
런 일이 반복되는 걸 막고 싶다.

일본 정부가 강제동원 사실을 인정하지 않는다면 우리가 알리면 되지
않을까. 군함도(하시마)만 해도 유네스코 세계유산으로 등재되었기 때문
에 세계적으로 관심을 받을 수 있다. 게다가 폴란드 아우슈비츠 수용소
처럼 현장이 보존되어 있다. 비록 일반 관광객이 강제동원된 조선인과
중국인의 숙소에 가볼 수는 없지만 군함도에 발을 디디는 것만으로도
실상을 짐작할 수 있을 것이다.

우리는 사과하지 않는 일본 정부를 비판한다. 하지만 이제는 비판을
넘어 우리가 당장 할 일을 찾아야 할 때가 아닐까. 피해자를 추모하는
이유를 구체적으로 생각해야 하지 않을까. 한일 과거사 분야에도 416세
월호참사 작가기록단과 같은 시민기록집단이 생기길 기대한다.

한 아이를 키우려면 온 마을 사람들의 도움이 필요하다는데, 책을 만
들 때도 그랬다. 경험을 전해주신 구연철, 이인우, 고(故) 최장섭, 마

쓰무라 아사오 선생님께 감사하다. 도움말을 주신 강동진, 강부경, 강지남, 강현숙, 고나무, 고승철, 구미화, 구자홍, 권혁중, 김경화, 김광삼, 김미정, 김민지, 김민철, 김선정, 김아연, 김유림, 김은지, 김정아, 김종대, 김재희, 김지영, 박수경, 송홍근, 송화선, 안종철, 안현정, 안해룡, 양은미, 양진희, 윤명숙, 윤홍은, 이령경, 이상갑, 이상의, 이상호, 이석술, 이선희, 이성순, 이양구, 이윤호, 이재갑, 이지현, 이창무, 이희자, 장원정, 전은옥, 전인범, 정선언, 정세영, 조영실, 조진구, 주문홍, 천소영, 최경희, 최우형, 한수산, 한여진, 한진우, 한희덕, 홍중식, 구니타케 마사코, 고(故) 다카자네 야스노리, 도모코 고바야시, 모리구치 마사히코, 시바타 도시아키, 우에무라 다카시, 히구치 유이치, 히라노 노부토 선생님께 고마움을 전한다. 저술휴가를 지원해주신 김규회, 김민경, 김희균, 박성원, 박혜경, 정위용 선배께 감사하다. 상업성이 부족한 이 책을 선뜻 내주신 선인출판사 윤관백 사장님과 책 편집과 디자인을 해주신 박애리 편집자님, 교열을 봐주신 류희 선생님께 마음을 전한다.

특히 게으른 제자를 대학 시절부터 지금까지 매달 한 차례씩 현대고전세미나, 광화문이파리 모임에서 만나 아낌없이 보살펴주시는 진덕규 선생님께 큰 빚을 졌다. 선생님과 함께 읽은 책만 100권이 넘는데도 느리게 걸어서 죄송하다. 소외된 사람들에 대한 관심은 선생님 가르침 덕에 생겼다. 선생님께 진 빚을 갚으려면 성실하게 살아야 한다.

이 책을 쓸 때 자주 들여다본 나침반은 한일 과거사 전문가인 정혜경 선생님이었다. 취재하며 엎어진 적도 많았는데 그때마다 방향을 알려주셨다. 일제강점기 조선인 노동자 문제 전문가인 허광무 선생님 또한 책 기획 단계부터 번역과 통역을 자원해주셨다. 시도 때도 없이 부탁을 드려서 몸둘 바를 모르겠다. 비슷한 관심사를 두고 이야기할 수 있는 '역사문화콘텐츠공간' 선생님들이 계셔서 외롭지 않았다.

과거사 전문기자 지망생이란 꿈은 낭만적인 조성식 선배 덕에 키워나갈 수 있었다. 선배는 "취재하고 싶으면 취재해봐"라는 말로 기자들의 기를 살려주셨다. 사할린에서 조선인 유골을 찾는 취재, 사이판과 팔라우에서 위안부의 흔적을 찾는 취재도 선배가 계셨기에 가능했다. 후배에게 귀감이 되는 선배를 만나 그간의 회사 생활이 아깝지 않다.

나가사키 재일조선인의 인권을 위해 헌신한 다카자네 야스노리 선생님. 이분의 추도식에서 만난 기무라 히데토 선생님은 무료로 통역과 운전을 해주셨다. 아침부터 밤까지 이어지는 취재 강행군에도 최선을 다하던 기무라 선생님과 30여 년간 나가사키원폭 피해자들을 찾아 기록하는 모리구치 마사히코 선생님을 만나며 선생이란 단어의 무게를 알았다. 이분들을 뵙지 못했더라면 책을 쓸 엄두도 나지 않았을 것이다.

인내의 중요성을 일깨워주시는 엄마, 하루의 가치를 알게 해주신 아빠, 너른 품으로 이해해주는 남편, 울타리가 되어주는 언니와 여동생 형부와 제부, 귀여운 조카들 정환이·하나·민준이, 사명의식을 몸소 보여주시는 이 카타리나 수녀님께 감사하다. 살아가기가 녹록지 않았지만 시누이와 시어른들이 아이들을 돌봐주시는 덕에 나아갈 수 있었다. 밤톨아 밤순아, 이 일은 너희를 배에 품고 나서 시작하게 된 거야. 책은 세상을 떠난 친구를 생각하며 만들었다. 네가 곁에 있다면 얼마나 좋을까. 이수민 보고 싶다.

목차

5장 위안부

1장

서정우

누가 소년을 멍든 노인으로 만든 건가

군함도 피해를 고백한 故 서정우 씨

처음이란 단어는 무겁다. 특히나 어두운 과거를 드러내는 일이라면 그 무게감이 더하다. 당사자의 고백이 없으면 그 사안은 묻히기 쉽다. 하지만 시작점이 있으면 이야기는 달라진다. 일본군 위안부만 해도 '첫 증언'이라는 발화점이 있었기에 오늘날까지 이슈로 이어질 수 있었을 것이다.

한국 사회에서 위안부 피해자임을 최초로 고백한 이는 김학순 할머니다. 1991년 8월 14일 한국정신대문제대책협의회 사무실에서 열린 그의 기자회견은 일본군 위안부의 존재를 세계적으로 알린 신호탄이다(최초로 이 사실을 밝힌 사람은 배봉기 할머니다. 재일본조선인총연합회의 도움을 받으며 오키나와에서 살던 배 할머니는 1975년 피해 사실을 밝혔다).

김학순 할머니 이후 다양한 일본군 위안부 피해자들이 나타났다. 네덜란드인 얀 루프 오헤른 할머니만 해도 1992년 방영된 한국의 일본군 위안부 프로그램을 보고 용기를 얻어 피해 사실을 알리기로 결심했다. 유럽인으로서 처음으로 일본군 성노예 피해자임을 고백한 그는 지금까지도 전쟁의 진실을 전하고 있다.

군함도 강제동원 피해 사실을 처음으로 이야기한 사람은 강도시 씨로 보인다. 『나가사키신문』 1974년 4월 29일자에 그의 증언이 나온다. 하지만 군함도 피해 사실을 적극적으로 알린 사람은 서정우(1928~2001) 씨다. 나가사키 원폭 피해 사실을 말하던 중 군함도 강제동원 경험을 드러낸 것으로 보인다.

자료집 「추도 오카 마사하루 고루(고립된 보루)를 지키는 싸움」에 따르면 1979년 11월 '히로시마-나가사키 조선인 피폭자 실태조사단'이 나가사키에서 1주일 동안 조사 활동을 벌인 끝에 서정우 씨로부터 피해 사실을 들었다고 한다. 이 자리에는 나가사키재일조선인의인권을지키는모임 대표를 지낸 다카자네 야스노리 씨가 있었다. 관련 내용은 이 모임을 결성한 오카 마사하루 목사의 자서전 『오직 한길로』(세상의소금, 2015) 연표(387쪽)에서도 볼 수 있다.

1979년(61세) 11월, 히로시마 나가사키 조선인 피폭자 실태조사단이 나가사키에서 일주일간 조사 활동을 함. 다카자네 야스노리, 오카무라 다쓰오 씨 등과 함께 실태조사에 협력. 서정우 씨 등의 청취에도 참가.

서정우 씨는 이후에도 여러 차례 증언했으며, 사망 직전까지도 군함도 피해 사실을 알리고 교육하는 데 주력했다. 이 모임의 시바타 도시아키 사무국장은 서정우 씨와 함께 학생들을 대상으로 역사 현장 교육을 진행했다.

오카 마사하루 기념 나가사키 평화자료관에는 서정우 씨 사진이 놓여 있다. 자료관은 오카 목사가 1994년 사망한 후 그의 유지를 이어가고자 나가사키재일조선인의인권을지키는모임이 1995년 세웠고, 다양한 전쟁 피해자들의 자료들을 전시했다. 서정우 씨의 경우 군함도 다큐멘터리 촬영 중 "청춘을 되돌려라!" "건강을 되돌려라!" "차별을 없애라!"고 말하는 사진, 학생들에게 피해 사실을 이야기하는 사진, 하시마에서 증언하는 사진, 자신을 꼭 빼닮은 쌍둥이 아들과 함께한 사진이 놓여 있다. 그는 이 시민단체가 군함도 문제에 주력하게 된 뚜렷한 이유이자 든든한 배경이 되었을 것이다.

서정우 씨는 한수산 작가가 소설『까마귀』1, 2, 3, 4, 5(해냄, 2003)와『군함도』1, 2(창비, 2016)를 쓸 때 도와주기도 했다. 한국 사회에 군함도 문제를 처음으로 제기한 이는 소설가 한수산으로, 작가는 소설『군함도』를 "당사자와 함께 쓴 소설"이라고 설명했다.

내가 서정우란 이름을 알게 된 건 한수산 작가를 인터뷰하면서다. 그 기사는『신동아』2016년 8월호 한수산 작가 인터뷰 '소설은 '당사자'가 쓴다 나도 그에게 포획됐다'에 실렸다. 다음은 2016년 6월 27일 서울 광화문에서 작가가 전해준 이야기다.

『신동아』2016년 8월호 한수산 작가 인터뷰 '소설은 '당사자'가 쓴다.
나도 그에게 포획됐다'.

"소설을 쓰려면 취재원과 친해져야 해요. 관계가 무르익어야 해요. 처음부터 쓰겠다는 생각은 버리고, 그 사람들 속에 들어가 친구가 돼야죠. 그러다 보면 결정적으로 누가 도와줄 때가 있어요. 이것(소설『군함도』)도 마찬가지였죠. 일제강점기를 다룬 소설 중에 피해자와 같이 답사를 해서 쓴 소설은『군함도』가 거의 유일할 거예요.

저는 서정우란 분과 함께 군함도에 들어가 곳곳을 샅샅이 둘러보면서 얘기를 들었어요. 방파제 절벽에 들어가서 죽기 아니면 살기로 결심했다며 울먹거리시고…. 그런 얘기를 들으면서 도움을 많이 받게 돼요. 그분의 체험은 인물에게 나눠줬죠. 이건 요 사람, 이건 저 사람…. 서정우 씨처럼 15세(만 나이를 사용하는 일본인들은 서정우 씨가 14세에 징용 갔다고 기록해뒀다)에 군함도에 들어간 소년 얘기는 앞에도 나오죠. 이분은 2001년에 돌아가셨어요. 벌써 세월이 얼마예요."

한수산 작가를 인터뷰한 이듬해인 2017년 5월 25일 저녁. 동북아평화연대가 서울 용산구 한 교육센터에서『군함도』작가 강연회를 열었다. 한수산 작가가 오랜만에 일반인을 대상으로 진행한 강연이었다. 작가가 이곳 실무자들과 오랜 인연이 있어 강연을 진행하는 듯했다. 한수산 작가는 50명 남짓한 관객에게 작품을 쓰게 된 배경을 설명하면서 추억을 떠올렸다.

"15세에 군함도에 끌려와 일하다 병들어 나온 뒤 나가사키에서 원폭을 맞은 서정우 씨. 폐허가 된 군함도를 걸으며 그는 증언해주었어요. 여기서 매를 맞고 쓰러졌다, 여기서 너무 배가 고파 울었다, 저 절벽에서 뛰어내려 죽으려고 했었다….

취재를 끝내서 더 뵐 일이 없을 것 같아 감사 인사를 드리러 갔어요.

그때 이분이 73세인가 그랬는데, 제가 이분을 만난 당시에 부인도, 쌍둥이 아들들도 떠난 상태였어요. 원폭을 맞아서 콩팥도 하나, 폐도 하나인 몸이었고요. (서정우 씨가) 하얀 난닝구를 입고 저녁을 드시고 계셔서 '드십시오' 하곤 바라보는데 여기(가슴)서 뭐가 치밀어 올라요. 얼마 남은 돈을 선생님 손에 쥐어드렸어요. 병원에 가실 일 있으면 쓰십시오 하고. 돈을 봉투에 넣은 게 아니고 구겨 있는 채 드렸어요.

제 손을 잡은 채 전차 역까지 따라 나오셨어요. 밤 11시가 넘어 길에 사람이 2, 3명밖에 없는데 무릎이 툭 튀어나온 파자마 차림새로 나와 손을 계속 흔드셨어요. 이 모습을 바라보는데 그런 생각을 했어요. 누가 하고 싶은 거 많은 15세 소년을 데려다가 일흔 살 된 멍든 노인을 만든 건가. 일본인가 조선인가. 전쟁인가 역사인가. 그때 결심합니다. 슬프거나 기쁜 게 아닌데 눈물이 줄줄 흘러요. 이 소설은 쓴다, 꼭 쓴다, 역사의 복원을 한다."

작가는 한 고서점에서 나가사키재일조선인의인권을지키는모임이 발간한 자료집을 발견하고, 그 자료집에서 군함도 피해자들에 대한 이야기를 접해 소설을 썼다고 했다. 우리 정부도 이 모임이 발간한 자료집을 바탕으로 하시마탄광 강제동원 조선인 사망자 피해 실태를 조사했다. 그렇다면 나는 왜 군함도의 사실을 기록해야 한다고 생각했을까. 한수산 작가처럼 나도 모르게 '쓴다, 꼭 쓴다'는 마음이 들었던 걸까.

오카 마사하루 기념 나가사키평화자료관에 전시된 사진들로
피해 사실을 알리는 서정우 씨의 모습이다.

오카 마사하루 기념 나가사키평화자료관에 전시된 사진으로
군함도를 다시 찾은 서정우 씨의 모습이다.

진실을 밝히고 법을 올바르게 하는 사람

서정우 씨 묘비 법명

군함도에 대해 아무것도 모를 때 다카자네 야스노리 나가사키대학교 명예교수에게 취재 협조를 요청했다. 다카자네 선생님과 친분이 있는 허광무 연구자가 2017년 2월 15일 군함도 취재 지원을 부탁드린다고 이 메일을 보내줬다. 허 선생님은 근현대일본사회 경제사 전공자로, 국무 총리 산하 대일항쟁기 강제동원 피해조사 및 국외강제동원 희생자 등 지원위원회에서 일했다. 2월 17일 다카자네 선생님은 폐렴으로 입원 중 이라 취재를 도울 수 없다는 답변을 보내왔다. 나는 폐렴이라는 병을 대수롭지 않게 여겼다. 그런데 선생님은 두 달도 채 지나지 않아 숨을 거뒀다. 사망 소식은 국내에도 전해졌다.

'오카 마사하루 평화자료관' 이사장이자 나가사키대학 명예교수인 다카자네 야스노리 씨가 향년 77세로 숨을 거뒀다. 17일 '근로정신대 할머니와 함께하는 시민모임'에 따르면 '오카 마사하루 평화자료관' 이사장인 다카자네 야스노리 씨가 지난 7일 사망함에 따라 조문을 보 낼 예정이다.

다카자네 씨는 일본 나가사키에서 일제강점기의 강제연행과 조선 인 피폭자 문제에 평생을 헌신한 인물이다. 특히 나가사키에서 '오 카 마사하루 평화자료관'을 세우고, 조선인과 중국인 강제연행 실상 을 밝히고 원폭 피폭자 문제 해결, 군함도 세계유산 등재 비판 등을 하며 활동한 양심 있는 지식인으로 평가받고 있다.

시민모임 관계자는 "우선 장례식은 가족들끼리 치렀고 다음 달 7일 오후 2시 나가사키현 종합복지센터에서 '작별의 모임'을 열 예정인데 여기에 시민모임 이름으로 조문을 보낼 예정이다"고 밝혔다.

― 『광주매일신문』 '日 양심적 지식인 다카자네 야스노리 별세'
2017년 4월 17일자 이호행 기자

안타까웠다. 그분의 죽음보다 그분을 만날 수 없다는 사실이 더 슬펐다. 나가사키에 살던 재일조선인의 인권을 위해 평생 애쓴 분을 꼭 만나고 싶었는데 기회가 사라졌다. 그때까지도 나는 회사로부터 군함도를 취재해도 좋다는 허락을 받지 못했다. 그렇다고 이 아이템을 놓치고 싶진 않았다.

'군함도'는 일제강점기라는 무거운 주제를 대중에게 수월하게 전달할 수 있는 주제다. 2017년 여름에 개봉한 영화 「군함도」는 흥행감독 류승완이 만들고 한류스타 송중기, 소지섭이 출연한 만큼 흥행은 보증된 것처럼 보였다. 게다가 조선인을 강제동원한 역사가 있는 군함도가 유네스코 세계유산으로 등재된 바람에 한국에서는 이를 비판하는 목소리가 많았다. 이 문제를 취재하면 화제가 될 수밖에 없다고 판단했다.

하지만 나는 푸념만 늘어놓았다. 일개 기자는 일제강점기라는 주제에 집중하기 어렵다며 남 탓만 했다. 따지고 보면 내가 다른 언론사에 입사했어도 상황은 같았을 것이다. 일제강점기를 다루는 기사는 3·1절과 8·15 광복절에만 쓰는 게 우리 언론의 현실이다. 정치 전문기자, 북한 전문기자, 경제 전문기자, 영화 전문기자, 여행 전문기자는 있어도 한일 과거사 전문기자는 없지 않은가. 『한겨레』 편집국장을 지낸 김효순 대기자가 있지만 그가 한일 과거사에 주력한 시점은 은퇴 즈음이다.

문득 2017년 1월에 만난 강은경 작가가 생각났다. 강 작가는 KBS 드라마 「제빵왕 김탁구」에서 팔봉 선생님이라는 캐릭터를 만들어내 대중에게 위로를 건넸는데, 이번에는 진정한 리더란 무엇인가를 고심하게 하는 SBS 드라마 「낭만닥터 김사부」를 선보였다. 오랜만에 만난 작가는 『매거진D』와 인터뷰 자리에서 원칙과 낭만을 강조했다.

"내가 생각하는 원칙이란 자신이 선택한 것, 자신이 하는 일에 진정성을 담는 거다. 우리가 내 것이 아닌 다른 사람의 것에 가치를 두기 때문에 혼란스러운 것 아닌가. 어떻게 이 많은 사람들이 한 속도로, 한 방향으로 달리나. 원칙과 기본에 대한 답은 우리 안에 있다."

"우리 사회는 낭만의 의미가 퇴색해버렸다. 착한 건 착한 거고 의로운 건 의로운 거다. 그런 가치를 갖고 사는 사람들이 낭만적이다. 고리타분하지만 그런 가치를 지향하면서 가야 하지 않나. 나의 낭만은 '진실은 칼끝을 들이대고 말하지 않아도 전해진다'는 거다."

자존감이 바닥을 치니까 더 내려갈 일도 없었다. 내가 뭘 해야 하는지, 어떻게 살아야 하는지 알 것 같았다. 푸념만 늘어놓기에는 하루하루가 아까웠다. 사는 것도 창피했다. 그런 와중에도 자꾸만 과거에 눈길이 갔다. 지인의 죽음 때문이다. 7년간 뇌암을 앓던 가장 친한 친구가 사라지고 마음이 많이 흔들렸다. 뒤이어 심적으로 의지했던 산후조리원 동기가 마음이 아파 떠나고, 회사 동료가 급사하자 온정신으로 살기 어려웠다. 타인의 죽음을 연이어 겪으면서 '나는 왜 남겨졌을까', '나의 책무는 뭘까' 고심하게 되었다.

관심은 그저 지나간 과거, 기록되지 않은 과거였다. 군사독재정권 피해자가 시민단체 '진실의 힘'에서 고문 후유증을 밝히고 치유되어가는 모습을 취재하며 한세상 살아가는 일이 만만치 않다는 것을 느꼈던 터다. 이 내용은 『주간동아』 2012년 12월 10일 '고문으로 망가진 내 인생 털어놓으니 가슴 후련'에 실렸다.

오늘 주인공은 최양준(73) 씨. 그는 재일본조선인총연합회(조총련)의 지령을 받고 간첩활동을 벌였다는 혐의로 1982년 김해공항에서 체포돼 부산보안대와 보안사령부에서 조사를 받은 뒤 징역 15년을 선고받고 복역하다 1991년 가석방됐으며, 지난해 대법원에서 무죄가 확정됐다. '마이 데이'는 그를 소재로 한 동영상이 상영되고, 그가 청중에게 꽃다발과 박수를 받으며 시작됐다.

(문요한 정신과 의사) 안녕하세요. 국가 폭력으로 인한 트라우마를 공개 증언함으로써 마음의 짐을 덜어내자는 자리인데요. 낯선 사람에게 고문 상처에 대해 이야기하려면 용기가 많이 필요합니다. 최 선생님, 그동안 '마이 데이' 주인공을 사양한 이유는 뭔가요.

(최양준 고문 피해자) 제가 좀 불행하게 살았어요. 네 살 때 어머니가 돌아가셨고 계모 밑에서 구박받으며 살았죠. 초등학교 겨우 마치고 서울에 올라왔고, 기왕이면 돈을 많이 벌고 싶어 돈벌이가 좋다는 일본에 갔어요. 우리 같은 사람은 여권이나 비자 받기가 하늘의 별 따기였죠. 1975년 1개월 관광비자로 일본에 들어가 불법체류를 했어요. 한국에 가려고 하니 사장이 붙들면서 일본인 여권을 만들어줘 그걸 들고 다녔어요. 그러다 1982년 붙잡혀 강제 송환돼 김해로 왔고, 부산보안대로 갔죠. 25일 동안 반복적으로 물고문, 고춧가루 고문을 하고 전깃줄을 하나는 성기에, 하나는 손가락에 묶은 뒤 전기고문을 하면서 자백하라고 했어요. 가장 고통스러웠던

건 대바늘로 손톱과 살 사이의 비좁은 틈을 꾹꾹 찌르는 거였는데, 세 번인가 까무러쳤고 이러다 처자식도 못 보고 죽겠다 싶어 도망쳤어요. 보안대 담 위 철조망을 넘다 보니 발바닥 한복판에 죽창 같은 것이 꽂혀 피가 줄줄 났죠. 어느 가정집에 들어가 거울을 봤는데, 어찌나 따귀를 맞았던지 얼굴이 퉁퉁 부어 있더라고요. 이 몸으로 어떻게 도망갈까 싶어 되돌아갔어요.

(문요한 정신과 의사) 뾰족한 것을 보면 어떤 기분이 드세요.

(최양준 고문 피해자) 철조망에서 뛰어내리는 순간 고기 잡을 때 쓰는 창살 같은 게 박혀 발바닥이 '빵꾸' 나는 줄 알았거든요. 요즘에도 겨울이 되면 발바닥 가운데가 따끔거려요. 하도 많이 맞아서 탁구공만 한 멍이 생겼다 없어지기도 하고요. 모두 제 팔자고 운명이겠죠. 고문을 받고 서울구치소에 가니까 얼마나 평온하던지, 지금 뭘 해도 그때 그 행복을 느끼지 못해요. 9년 만에 출소한 뒤 경찰이 동향조사를 해도 그저 운명이라고 여겼어요. 가장 억울했던 건 우리 마누라가 친척들에게 전화하면 "우리한테 연락하지 마라"며 배척한 일이에요. 배다른 제 동생도 면회 와서 "형님이 뭔가 잘못했으니 징역 사는 것 아니요"라고 하는데, 변명을 못 하겠더라고요. 서울 천호동, 명일동 수도도 안 나오는 데서 떡볶이 장사해 아들 셋을 키운 마누라한테 고맙죠. 들어갈 때는 애들이 초등학생이었는데 나오니 하나는 군대 가고, 둘째와 셋째는 고등학교에 다니더라고요. 우리 엄마가 나를 왜 낳고 돌아가셨을까. 차라리 낳지 않았더라면 그런 고통 안 겪었을 텐데 싶었어요.

시간이 흘러 최양준 씨를 둘도 없는 죽마고우인 최은교의 결혼식장에서 봤다. 나는 그런 피해자가 아주 멀리 있지 않고 가까이에서 산다는 사실을 알게 됐다. 혹여 그분이 피해를 받을까 봐 알은체하지 못했는데 나중에 친구에게 물어보니 사촌 큰아버지라고 했다. 기자인 내게 조금이라도 사명감이 남아 있다면 이 문제를 모른 척할 수 없었다. 꼭 한번 군사독재정권 가해자들을 만나 사람의 인생을 망친 것에 대한 책임을 묻고 싶었다.

그러다 2017년 『신동아』에서 전두환 전 대통령을 인터뷰할 기회가 찾아왔다. 나는 인터뷰 전날 투입된 지원인력에 불과했지만, 밤새 질문지를 만들었고 전 전 대통령에게 책임을 묻기로 했다. 인터뷰 내용은 2017년 8월호 『신동아』 '전두환·이순자, 30년 침묵을 깨다!' 기사에 실렸다. 다음은 공개되지 않은 인터뷰 녹취문 원문의 일부다.

(인터뷰 1시간 40분 경과)

(이혜민 기자) 질문 하나 드리자면, 말씀하신 대로라면 지휘체계가 있기 때문에 책임에서 자유로울 수 있었는데, 그럼에도 백담사에 가서 기도 왜 했습니까. 2년여의 시간 동안이나. 모른 척할 수 있었을 텐데. 내 책임이 아니라면 굳이 왜 2년 동안 기도했습니까.

(이순자 전 영부인) 각하 회고록에 자세하게 적어놨는데. 탄허스님이 옛날에 각하 호를 지어주신 분이에요. 그분은 옛날에 학문이 높으셔서 주역 공부도 하셔서 뭐도 많이 알고 계신다고 알고 있어요. 그 스님 말씀이 우리나라 건국 이래 계속 나라가 어지럽고 시끄러운 건, 우리 건국 이래 정말 이 유교를 통해서 또 이념 때문에 애매하게 죽은 사람이 너무 많대요. 그래서 그분들을 위한 위령 그런 걸 한번 해주시면 좋겠다 하고 재임 중에 말씀하신 적이 있어요.

근데 재임 중에는 사실, 너무 그때는 마 참, 저는 항상 그렇게 표현하는데 불이 난 집에 불 끄러 들어간 소방수 역할이었다 각하는.

소방수로서 불 다 꺼서 세간 정리해놓고 나오셨잖아요. 권력에 뜻이 있었는 게 아니고. 그 당시에 운명에 끌려들어가서 그렇게 했기 때문에 나오셨고. 나오고 나니까 당연한 것같이 말씀하시지만. 전임 대통령이 당연하면 왜 한 번 더 제대로 안 나오고 연세가 많아도 더 하시고 그랬겠습니까. 각하는 진짜 권력에 욕심이 없는 분이에요.

(전두환 전 대통령) 욕심 있었지만 단임 해야지. 그럼.

(이순자 전 영부인) 나오실 때 몇 살이냐 하면 58세예요. 은퇴하기 너무 젊은 나이 아닙니까. 그럼에도 불구하고.

(전두환 전 대통령) 더 해도 되는데.

(이순자 전 영부인) 우리나라는 민주화 민주화하지만. 최규하 대통령이 민주화가 아니잖아요. 민주화라는 것은 민주화 발전이라고 생각해요. 민주화 발전은 뭐냐. 대통령이 되면 임기가 되면 딱딱 모든 사람들이, 국민이 바꾸고 싶으면 바꾸고 그래야 될 거 아니야. 그 전에는 바꾸고 싶어도 법이 안 돼서 못 했잖아요. 근데 그걸 각하가 했잖아요. 58세에 나와서 우리는 30년 동안을 당했어요. 그러면 인생의 황금기를 우리는 당했어요.

그렇지만 우리는 한 번도 말 안 했어요. 우리가 당하는 것까지가 밑알이 썩어야 거름이 되잖아요. 우리는 그런 역할을 했다고 자부심을 가지고 있기 때문에. 군인은 말이죠, 필요한 시기에 나라에서 나가 죽으라 하면 오늘이라도 나가 죽잖아요.

대통령이 돼가지고 우리 민주 발전이 돼가지고 이만한 고생 못 하겠습니까. 저희는 솔직히 말해서 누구를 원망하고 그러지 않아요. 저희는요. 이것까지가 나온 사람의 역할이라고 생각해요. 저는요. 각하의 대변인이 아니고. 각하하고 백담사도 같이 가고 그러다 보니까. 저는 각하의 분신이라고 생각을 해요. 제가 생각하는 게 각하가 생각하는 거예요.

(인터뷰 3시간 경과)

　(이혜민 기자) 광주 얘기도 책임 소재가 비록 내가 한 건 아니지만 그때 일이기 때문에 빌리 브란트 전 독일 총리가 폴란드를 찾아가서 무릎 꿇은 것처럼, 정리하고 넘어가자 한 것처럼. 그런 식의 것을 하실 생각이 없는지. 대통령께서는 지금 당장 광주는 무리라고 하셔서.

　(전두환 전 대통령) 광주 가서 내가 뭐를 하라고?

　(이혜민 기자) 뭐를 하라고 구체적으로 말씀드리는 건 아니고. 빌리 브란트 전 독일 총리가 무릎 꿇었는데요. 그 사람 역시 그 사람의 잘못 때문에 그런 것이 아니라 역사적인 것이 유감스럽다라는 걸 보여준 건데. 그 기점이 되게 중요했다고 하기 때문에.

　(이순자 전 영부인) 근데요 이 일이 잘되고 난 다음에 각하가 망월동 묘지에 참배를 못 할 이유가 없잖아요. 하실 수 있는 거예요. 그리고 빌리 브란트가 가서 한 건 독일 자기의 선배 사람들이, 독일이 구라파 사람들한테 너무 잘못해서. 독일말을 하면 구라파 사람들이 돌아설 정도로 감정이 나빴어요. 독일인의 후예로서 그렇게 한 건 참 멋있어요.

　근데 이건 광주사태는 양비론이 있잖아요. 왜냐하면 아무리 좋은 의도, 민주화를 위해서라든지, 세계 평화를 위해서라든지. 데모가 무장화되고 폭력사태로 번졌을 때는 정부에서는 진압해야 하잖아. 그리고 그걸 해야 하고. 각하가 가시면 계엄군 행동 자체에 대한 상징성이 있잖아요. 그렇기 때문에 굉장히 신중해야 한다고 생각됩니다.

전두환 전 대통령은 발포 책임을 전면 부인했다. 나는 전 전 대통령을 인터뷰한 뒤 조금 단단해졌다. 만날 사람은 만나게 되어 있다, 마음먹은 일은 언젠가 해낼 수 있다는 자신감이 생겼다. 전 전 대통령과 인터뷰를 끝낸 뒤 관련 자료들을 조사하며 결국 남는 건 기록밖에 없다는 사실도 깨달았다. 내가 전 전 대통령에게 부족하나마 책임을 물을 수 있었던 배경에는 고나무『한겨레』기자가 쓴『아직 살아 있는 자 전두환』(북콤마, 2013)이 있었다.

전 전 대통령과 인터뷰를 마친 뒤 고나무 기자를 만날 기회가 있었다. 저만치 앞서서 걸어가는 고 기자가 무척 부러웠다. 아쉬운 대로 한겨레 교육문화센터에서 그가 진행한다는 논픽션 강의만이라도 듣고 싶었지만 강좌는 열리지 않고 있다.

자존감이 급감한 2017년 초. 문득 드라마「낭만닥터 김사부」의 대사가 생각났다.『매거진D』에서 강은경 작가 인터뷰 기사를 카드뉴스로 만드느라 드라마 대사 하나하나를 토익 리스닝 공부할 때처럼 꼼꼼하게 들었던 터다. 드라마 14회에서 주인공 외과의사 김사부가 불평하는 후배 의사 강동주에게 한 말은 두고두고 맴돌았다.

"네가 시스템을 탓하고 세상 탓하고 그런 세상 만든 꼰대들 탓하는 것 다 좋아. 좋은데! 그렇게 남 탓 해봐야 세상 바뀌는 거 아무 것도 없어. 그래봤자 그 사람들 네 이름 석 자도 기억하지 못할걸. 정말로 이기고 싶으면 필요한 사람이 되면 돼. 남 탓하는 거 그만하고 네 실력으로. 네가 바뀌지 않으면 아무것도 바뀌지 않는다. 알겠냐."

그럼에도 나는 바뀌지 않았다. 탓하는 게 움직이는 것보다 편했다. 다만 추도식은 가보고 싶었다. 추도식에 가려면 휴가를 내야 하는 상황이었다. 1년여 전부터 매달 참여하고 있는 '역사문화콘텐츠공간'에서 나는 또다시 푸념했다. 이 모임을 풍성하게 만드는 구술사 전문가 김선정 선생님은 내게 "해보세요!"라며 격려해줬다. 그리고 보니 못 갈 것도 없었다. 항공료는 인당 20만 원도 안 했다. 아이들과 많은 시간을 보내지 못해 늘 죄책감에 시달렸기에 가족을 데리고 가자 싶었다. 그렇게 나가사키는 우리 가족의 첫 해외여행지가 됐다.

추도식은 나가사키현 종합복지센터에서 2017년 5월 7일 오후 2시부터 4시까지 열렸다. 공식적으로 참가 의사를 표명하지 않았던 터라 내가 알고 있는 거라곤 추도식 장소와 시간밖에 없었다. 길을 물어 그곳에 가보니 추도객 200여 명이 와 있었다. 촬영을 나온 일본 기자도 많아 보였다. 한국인은 이재갑 사진가와 동북아평화연대 운영진, 박수경 연구자가 있었다(한국인이 더 있었을 수도 있다). 평생 조선인 인권을 위해 일한 사람이 사망했다는데도 한국 기자들은 오지 않았다. 한국 기자라곤 휴가를 내서 온 일본어 바보, 나밖에 없었다.

추도식에는 감미로운 음악이 흘렀다. 나가사키대학교 불문과 교수였던 다카자네 선생님이 인권운동가이기 전에 문학자였다는 사실이 느껴지는 순간이었다. 추도식은 추모객들이 함께 하는 묵념을 시작으로 다카자네 선생님의 인권 활동을 소개하는 영상 관람이 이어졌다. 함께 활동한 선생님들이 차례차례 추모 발언을 했다. 한국인으로는 오카 마사하루 기념 나가사키평화자료관의 객원연구원을 지낸 박수경 연구자가 발언했다.

나는 일본인들의 추모 발언을 이해할 수 없어 눈알만 빙글빙글 굴렸다. 카메라로 영상을 찍고, 현장 상황도 녹음했지만 아쉬운 마음은 가라앉지 않았다(한국에 돌아온 뒤 허광무 연구자가 추도식 영상을 보며 일일이 번역해

2017년 5월 7일 열린 다카자네 야스노리 오카 마사하루 기념 나가사키평화자료관
이사장의 추도식.

다카자네 야스노리 이사장 추도식에 참석한 추도객들.
이재갑 사진작가 전시에 놓인 사진을 재촬영함.

줬다). 추도식이 끝날 무렵 추모객들은 영정사진 앞에 국화를 헌정했다. 한복을 곱게 입은 재일동포 배동록 씨가 영정사진 앞에서 큰절을 올리자 여기저기서 카메라 셔터가 터졌다.

추도식을 마친 뒤 한국어를 유창하게 구사하는 기무라 히데토 선생님을 만났다. 영어 교사로 재직하다 퇴직 후 한국어를 배웠고 지금은 평화운동을 하고 있다고 했다. 그는 취재 자원봉사를 자처했다. 귀와 발이 생기니 취재 욕심도 생겼다. 군함도와 관계된 일이라면 사소한 무엇이라도 취재하고 싶었다.

추도식 이튿날 나는 군함도 관련 작업을 이어온 이재갑 작가와 함께 군함도에 다녀왔다. 나가사키 시내 오하토역에서 군함도행 배를 타려고 기다리자 기무라 선생님이 나타나 한국어로 된 지도를 보여줬다. 그가 건넨 지도에는 일본인이 만든 지도에서는 볼 수 없는 조선인, 중국인 숙소가 표시되어 있었다. 선생님은 강제동원된 이들의 숙소를 가리키며 "이곳을 유의해서 보라"고 했다. 나가사키항 오하토 터미널에는 유네스코 세계유산 등재를 축하하는 문구가 여기저기 붙어 있었다.

막상 군함도에 도착했을 때는 아무런 생각도 나지 않았다. 나가사키에서 18km 떨어진 하시마. 군함같이 생겼다 해서 군함도로 불리는 섬. 그곳에 빽빽하게 들어선 낡은 고층 건물이 을씨년스러웠다. 군함도의 5%도 채 둘러보지 못하는 코스였기에 관람 시간은 1시간도 되지 않았다. 폐허가 된 군함도가 어째서 유네스코 세계유산으로 등재됐는지, 강제동원된 조선인과 중국인의 숙소에 왜 관람객들이 들어갈 수 없는지 궁금했다.

기무라 선생님을 만난 이후 취재 반경이 넓어졌다. 기무라 선생님은 "서정우 씨의 아드님이 다카자네 선생님의 추도식에 왔으니 한번 만

나보면 어떨까" 제안했고, 나는 "좋다"고 답했다. 얼마 지나지 않아 약속을 잡았다는 연락을 받았다. 나가사키에 다시 갈 일이 생겼으니 가야 했다. 이번에는 혼자 갔다.

마쓰무라 아사오 씨를 처음으로 만나기로 한 날은 2017년 5월 20일이다. 시바타 도시야키 선생님과 기무라 선생님의 소형차에 올라탔다. 우리는 마쓰무라 씨의 집 근처 편의점으로 향했다. 길을 가던 중 시바타 선생님은 서정우 씨와 추억을 들려줬다.

"서정우 씨가 일본 아이들에게 이야기할 기회가 몇 번 있었는데, 자기 자신이 차별받고, 일본사람이 너무 나쁘다고 강하게 얘기하니까 아이들이 울어서 오카 마사하루 선생님이 지금 아이들이 나쁜 게 아니니까 강하게 말하지 말라고 했습니다. 그 후에는 나와 팀이 되어 같이 다니면서 아이들에게 차별하면 안 된다고 강조했습니다. 서정우 선생님은 돌아가시기 전까지 오카 마사하루 기념 나가사키평화자료관의 이사로 활동했습니다."

40여 분간 달렸을까. 한 편의점 주차장에서 마쓰무라 씨를 만났다. 그에게서 아버지 서정우 씨의 인상이 풍겼다. 우리는 차를 편의점 주차장에 댄 뒤 그의 차에 함께 타고 1시간 정도 달려 운젠시 오바마조 공동묘지에 도착했다. 이곳은 서정우 씨와 사실혼 관계였던 여인, 즉 마쓰무라 씨의 어머니가 살던 고장이다.

공동묘지에 올라서자 운젠시소학교가 보였다. 그곳에 잘 정비된 서정우 씨의 묘가 있었다. 공동묘지에서 가장 잘 꾸며진 묘였다. 마쓰무라 씨는 아버지가 목이 마를까 봐 물을 몇 차례 묘 위에 쏟아부었다. 일본사람들은 묘 위에 물을 쏟아 사자의 목을 축겨준다고 했다.

서정우 씨의 아들 마쓰무라 아사오 씨가 아버지의 묘를 찾았다.

일본에서는 묘비를 만든 사람의 이름을 묘비에 쓴다고 하는데, 서정우 씨의 묘비에는 마쓰무라 씨의 이름만 적혀 있었다. 묘비에 새겨진 자신의 이름을 가리키는 마쓰무라 씨의 모습에서 자수성가한 아들의 자부심이 엿보였다. 일본은 묘비에 집안의 이름을 쓴다. '서 씨의 묘'라고 쓰는 식이다. 하지만 그의 묘비는 서정우 씨의 묘라고 쓰여 있었다. 묘비 뒤에는 스님이 지어준 법명이 적혀 있었다. 현실법정신사. '진실을 밝히고 법을 올바르게 하는 사람'이라는 뜻이다. 우리가 절을 한 뒤 이야기를 나누는 사이 묘비 위로 솔개 한 마리가 날아갔다.

우리는 묘에 들렀다 공동묘지 인근에 있는 온천유원지에서 30분가량 앉아 이야기를 나눴다. 서정우 씨는 무료로 온천을 즐길 수 있는 이곳에 사람들을 자주 데리고 왔다고 한다. 시바타 씨는 그를 "돈은 넉넉지 않지만 마음 나누는 걸 좋아하는 사람"으로 기억했다. 기무라 씨가 건네

준 아이스크림을 먹으며 우리는 잠시 여유를 누렸다.

묘를 오가는 차 안에서 아들은 아버지를 떠올렸다. 서정우 씨와 함께 조선인 피폭자 관련 강의를 하고 다닌 시바타 씨는 장성한 서정우 씨의 아들을 대견해하며 연신 눈물을 훔쳤다. 우리는 대화를 많이 나눴다. 아버지에 대해 어떤 감정이 드는지, 가족은 어떻게 사는지 물었다. 아들은 한국어를 할 줄 몰랐다. 기무라 씨의 통역 시간을 감안하면 실세로는 1시간 정도 대화를 나눈 셈이다.

평화를 위해 노력했으니까 편안하게 계시지 않을까

서정우 씨 아들 인터뷰

서정우 씨는 쌍둥이 아들들을 사실혼 관계인 아내의 호적에 올렸다. 그리고 그 아쉬움을 아들들의 이름에 묻어두지 않았을까 싶다. 장남의 이름은 마쓰무라 아사오(朝男). 조선(아침) 남자라는 뜻이다(도쿄에 산다는 서정우 씨의 다른 아들은 인터뷰하지 않았기 때문에 이름은 밝히지 않는다).

2017년 7월 20일 영화 「군함도」 VIP시사회가 서울 CGV 용산아이파크몰점에서 열렸다. 그곳에서 마쓰무라 씨를 다시 만났다. 제작사가 영화 자문을 해준 시바타 도시아키 나가사키재일조선인의인권을지키는모임 사무국장과 함께 마쓰무라 씨 일행도 초청했던 것이다. 영화 상영을 앞두고 그에게 소감을 물었다. 아들은 '평화'라는 말을 꺼냈다.

"내가 아버지와 같이 지낸 시간은 길지 않지만 이 영화를 통해 아버지에게 다가갈 수 있는 기회를 얻었습니다. 비록 현실에서는 영화 「군함도」처럼 집단탈출은 없었지만 이런 걸 그린 마음도 이해됩니다. 많은 사람이 과거를 아는 것 자체가 평화를 위해 좋은 것 아닌가요. 이 영화가 평화를 생각하는 데 도움이 되면 좋겠습니다."

서정우 씨는 어떤 사람일까. 그의 구술기록은 나가사키재일조선인의인권을지키는모임이 펴낸 책 『군함도에 귀를 기울이면』(2016)에 수록돼 있다. 허광무 연구자는 "이 책은 나가사키재일조선인의인권을지키는모

임이 현지조사를 진행해 나온 결과물이다. 군함도 조선인, 중국인 강제
징용자의 실상을 자세히 다뤘다. 군함도 생존자들의 인터뷰도 들어 있
다"고 설명했다. 2017년 3월 나는 이 책을 허광무 연구자로부터 빌렸다.

나가사키재일조선인의인권을지키는모임이 발간한『원폭과 조선인』책
자 1~6집 중 군함도 내용을 추려 만든『군함도에 귀를 기울이면』. 이 자
료를 읽고 한수산 소설가는 소설『까마귀』와『군함도』를, 우리 정부는
군함도 보고서를 썼다는데…. 내용을 모르니 답답했다. 우리 정부가 예
산이 부족해 이 책을 번역하지 못했다는 소식을 듣자, 답답함이 더했
다. 아쉬운 마음에 동료인 강부경 미술기자와 번역 프로젝트를 진행하
기로 했다. 포털사이트 다음 스토리펀딩(storyfunding.daum.net)을
활용해 뜻있는 사람들의 지원을 받아 일을 추진하고자 했다.

수소문해보니 적임자들이 이미 진행하고 있었다. 큰돈이 되지 않는
근현대사 책을 지속적으로 펴내는 도서출판 선인에서 오카 마사하루 기
념 나가사키평화자료관 객원연구원을 지낸 박수경, 전은옥 선생님이
번역책을 만들고 있다고 했다. 그사이 2017년 5월, 박수경 씨와 시바
타 도시아키 사무국장이 번역 내용을 두고 상의하는 모습도 볼 수 있었
다.『군함도에 귀를 기울이면』번역본은 영화「군함도」가 개봉할 즈음인
2017년 7월 말 발간됐다.

책에는 서정우 씨의 피해 증언이 비교적 자세히 기술돼 있다. 서정우
씨는 군함도 강제동원 피해자이자 원폭 피해자다. 그는 1928년 경상남
도 의령군 한 소농 집안의 장남으로 태어났다. 부모님이 1932년 무렵
그를 두고 나고야로 떠나 할아버지가 그를 양육했다. 할아버지가 사망
한 뒤에는 작은할아버지 밑에서 허드렛일을 했다. 열네 살 때 면에서 징
용 쪽지를 받아 일본으로 연행됐다. 시청에는 청년들이 1000명이나 모

여 있었다. 여관에서 1박을 한 뒤 트럭과 기차를 타고 부산으로 이동해 연락선으로 시모노세키까지 갔다. 나가사키에 끌려온 사람은 300명 정도였고, 전원이 오하토에서 종착지인 하시마로 이동했다. 자세한 증언은 『군함도에 귀를 기울이면』(선인, 2017) 36~46쪽에 수록되어 있으며 내용은 다음과 같다.

하시마에 닿자마자 모든 희망을 잃었습니다. 보시는 대로 섬은 높은 콘크리트 절벽으로 둘러싸여 있습니다. 보이는 것은 바다, 온통 바다뿐입니다. 이런 작은 섬에 9층으로 지어진 고층빌딩이 북적거리고 있습니다. 놀랐습니다. 여기는 갱구(坑口)와는 반대 방향인 섬의 끄트머리인데, 이런 고층아파트는 당시부터 있었습니다. 우리 조선인은 이 모퉁이 구석 2층 건물과 4층 건물에서 지냈습니다. 한 사람이 다다미 한 장 넓이도 차지할 수 없는 좁은 방에 일고여덟 명이 함께 들어가 있었습니다. 제가 들어간 곳은 여기입니다. 방 번호 B102, 바로 이 방입니다. 전쟁이 끝난 후에는 탄갱 진료소의 병실로 바뀐 거죠. 그것도 지금은 폐허가 되었지만….

저는 쌀자루 같은 옷을 받아 입고 도착한 다음 날부터 일을 해야 했습니다. 일본도를 찬 사람이며 안 찬 사람이며 이 사람 저 사람이 이렇게 하라, 저렇게 하라며 명령을 했습니다.

이 바다 밑이 탄갱입니다. 엘리베이터를 타고 수직갱도 속 깊은 곳으로 내려가면 아래쪽은 석탄이 착착 운반되어 넓지만, 굴착장으로 가면 엎드려서 파낼 수밖에 없는 좁은 곳으로, 덥고 고통스럽고 피로한 나머지 졸음이 오고, 가스도 쌓이고 해서…. 게다가 한편에서는 낙반의 위험도 있어서 이대로는 살아서 돌아갈 수 없을 거라고 생각했습니다.

낙반으로 한 달에 네다섯 명은 죽었을 겁니다. 지금처럼 안전을 중시하는 탄갱이 전혀 아니었습니다. 죽은 사람은 하시마 옆의 나카노시마에서 화장을 했습니다. 지금도 그때의 가마가 남아 있을 겁니다. 이런 중노동에, 식사는 콩깻묵 80%, 현미 20%로 된 밥과 정어리를 덩어리째 삶아 부순 것이 반찬이고, 저는 매일같이 설사를 해서 무척 쇠약해졌습니다.

그래도 일을 쉬려고 하면 감독이 관리사무소로 끌고 가 때렸습니다. 아무리 아파도 "네, 일하러 가겠습니다" 하고 말할 때까지 구타를 당했습니다. "마음대로는 못 한다"는 말을 몇 번이나 들었을까요. 하시마의 길은 이 외길뿐입니다. 이 외길을 매일 지나면서, 제방 위에서 멀리 고향 조선 쪽을 바라보며 몇 번이나 바닷물에 뛰어들고 죽으려고 했는지 모릅니다.

동료들 가운데 자살한 사람이나, 도망가려다 익사한 사람 등이 사오십 명은 됩니다. 저는 수영을 못합니다. 그러나 뭔가 운이 있었던 게지요. 5개월 후 나가사키시에 있는 미쓰비시 사이와이정 숙사로 이동하도록 명령을 받아, 저는 섬을 빠져나올 수 있었습니다. 그대로 남아 있었다면 정말로 살아 있지 못했을 거라고 생각합니다.

섬에 있던 동포의 수는 우리보다 먼저 200명 정도 있었으니 합계 오륙백 명이었을 겁니다. 위아래 각각 다섯 개의 방으로 이뤄진 2층 건물 한 동과 각층에 5, 6개의 방이 있는 4층 건물 네 동에 꽉꽉 채워져 지냈습니다. 하시마를 군함도라는 둥 부르는데, 제 입장에서 보면 그곳은 결코 도망칠 수 없는 감옥섬이었습니다. (중략)

그날, 8월 9일, 저는 운 좋게 출근하는 날이라 아쿠노우라의 조선소에서 피폭을 당했습니다. 만약 교대한다고 숙사 안에 있었으면 당연히 원자폭탄에 죽었을 겁니다. 300명 가운데 100명은 교대로 쉬고 있었으니까요. 커다란 비행기 B29가 날아와서, 번쩍 빛이 나는가 했더니 엄청난 폭음이 들렸습니다. 저는 엄지발가락에 철판이 날아와 부상을 당했습니다. (중략)

8월 15일, 천황의 방송이 있었고 우리는 간신히 자유의 몸이 되었습니다. 동료들은 하나 둘 배로 귀국하였습니다. 저에게도 함바 우두머리를 맡고 있던 남씨라는 사람이 말을 걸어 왔지만, 작은할아버지도 돌아가셨고 부모님은 나고야에 계셨기 때문에 거절했습니다. 다리 밑에서 자기도 하고 3, 4일 동안 굶을 때도 있었지만, 그러는 사이 동포 밑에서 일하게 되었습니다. (중략) 쇼와 22, 23년 (1947, 1948년)에는 하마노마치에 있던 암시장에서 일본인이 가지고 온 것을 팔기도 하면서 생활을 꾸렸습니다. (중략) 비행복이나 군화도 자주 팔러 내놓았습니다. 그 후로 포장마차를 한 대 운영해서 밑천을 만들고, 고쿠라로 가서 양복점을 개점하기도 했지만, 고용한 일본인 점원한테 사기를 당해 무일푼 신세로 나가사키로 돌아와, 그물 치는 데서 일하는 마스모토 씨에게 신세를 졌습니다.

제가 지금 같은 몸이 된 것은 탄갱, 조선소에서의 강제노동, 그리고 원폭에 당했기 때문입니다. (중략) 저는 고생도 할 만큼 해봤고, 특히 저 하시마에서 보낸 날들을 생각하면 사소한 괴로움은 참을 수 있는 인간입니다. 하지만 객혈만큼 괴로운 것은 없습니다. (중략) 그 후 31년간 저는 끝내 건강한 몸으로 회복되지 못해 오무라, 아다코, 도보, 스미요시, 고에바루로 요양소를 전전하다, 13년 전에 아침에 일어나면 베갯머리에 눈이 쌓인 것처럼 춥고 허술한 요양소를 도망 나와, 지금까지 통원 생활을 계속하고 있습니다. (중략) 병원에서 일본인 환자들이 차별을 하고 따돌리는 것은 참을 수 없었습니다. 저도 지고만 있을 수 없어. "조센징이 잠꼬대를 한다"는 식의 말을 들으면, "사람은 누구나 말을 하고 산다. 그런데 왜 말하지 말라고 하나" 하고 항의했고, 때로는 치고 받으며 싸우는 일도 있었습니다. *(중략)*

지는 결혼에 대해서는 포기하고 있었습니다. 그러다 8년 전, 병원에서 서로 알고 지내던 일본인 여성과 결혼해 아이도 생겼습니다. 지금 겨우 초등학교 1학년인 쌍둥이입니다. 결혼이라고 말씀드리긴 했지만, 실은 호적상의 결혼은 하지 않았습니다. 아이들은 저를 "아버지 아버지" 하며 따라주었지만 호적은 집사람에게 올려둔 것입니다. 이유는 잘 아시겠죠? 학교에 가면 '조선인의 자식'이라고 따돌림 당할 게 분명합니다. *(중략)* 조선인이라는 사실을 들키면 집을 빌리는 데도 엄청 고생했습니다. 학교에서 따돌림이나 괴롭힘을 당해서 자살하는 아이들도 있지 않습니까.

저는 아이들에게 강해져라, 당하면 되갚아주라고 합니다. *(중략)* 석 달 후면 쉰다섯 살이 되는데, 결혼도 못 하고 병도 못 고친다는 선언을 받고 결핵이라는 이유로 보건소가 귀찮게 하니, 초등학교 1학년인 아이들은 시설에 맡겨두고 있는 형편입니다. 하다못해 자주 면회를 갈 수 있는 곳이라면 좋겠는데, 중앙아동상담소에 상담을 해봐도 쌍둥이라서 안 된다고 말도 안 되는 소리를 하면서, 먼 시설에서 가까운 곳으로 옮겨주지 않습니다. 저로서는 "아빠가 만나러 와요"라고 하는 아이들의 말만이 위안이 됩니다.

차별에 대해서 많이 이야기했습니다만, 이런 것은 전부 일본 정부의 책임이라고 생각해요. 조선을 식민지로 만들고 우리를 강제연행했지요. 게다가 원폭까지 맞게 한 과거를 반성하기는커녕, 그 사실을 잘 알고 있는 정부가, 행정이, 왜 앞장서서 일본인들에게 알리고, 차별을 없애도록 노력하지 않는 겁니까. (중략) 저는 항의하고 싶은 심정으로 가득합니다. 아무것도 해주지 않아도 된다, 그저 차별만은 그만두라고 외치고 싶은 겁니다. 관동대지진 때 돌았던 악질적인 소문이나 조선인 학살에 대해서도 얼마나 반성하고 있습니까?

(중략) 저는 건강이 많이 나쁘지만 차별 없는 세상, 평화로운 사회를 만들기 위해 죽을 때까지 운동을 하고 싶습니다.

　　　　　　　　　　　　－1983년 7월 3, 9일 서정우 씨 증언

오카 마사하루 기념 나가사키평화자료관에 전시된 '서정우 씨와 아들 쌍둥이의 사진'.

다카자네 야스노리 나가사키재일조선인의인권을지키는모임의 대표는
이 증언을 두고 "강제노동과 피폭의 실상을 연속적으로 밝히는 내용으
로 버릴 것이 없다"고 평했다. 이런 이유 때문일까. 다카자네 대표는 그
에게 울타리가 돼주었다. 서정우 씨에 대해 "소년과 같은 순수한 마음
을 가지고 있다"고 말해온 다카자네 대표는 서정우 씨가 아파트를 빌릴
때 보증인이 됐고, 서정우 씨가 임종을 앞두고 있을 때도 연락이 닿지
않던 그의 혈육을 찾아줬다.

『군함도에 귀를 기울이면』에 따르면 서정우 씨는 1982년부터 피폭과
강제연행 체험을 증언했고 1998년 건강이 악화되면서 활동을 중단했다.
서정우 씨는 "내 생명은 이제 얼마 안 남았을지도 모른다. 마지막 증언
을 하고 싶다"며 나가사키 원폭의 날인 2001년 8월 9일을 하루 앞둔 8일
나가사키 시내에서 피폭체험을 하려고 했으나 심부전으로 8월 2일 사망
했다.

나는 2017년 5월 마쓰무라 씨와 함께 서정우 씨 묘로 가는 길에 대화
를 나눴다. 하지만 사적인 내용이 많은 대화를 책에 그대로 실을 수 없
었다. 그래서 '역사문화콘텐츠공간' 선생님들과 함께 나가사키 답사를 가
면서 재차 만남을 청했다. 이후 공간 선생님들이 군함도에 찾아갔을 때
마쓰무라 씨를 만났다. 그는 아버지를, 군함도를 어떻게 생각하고 있을
까. 이 인터뷰는 2017년 11월 18일 오카 마사하루 기념 나가사키평화자
료관 세미나실에서 이뤄졌다. 이번에도 통역자는 기무라 씨였다.

－여기에 오면 어떻습니까. 시바타 씨가 서정우 씨를 기억하며 우시던데.

여기에 오면 아버지 자료도 있고, 아버지와 관계된 사람들도 있어 아
버지 생각이 납니다. 의미 있는 자료관이라고 생각합니다. 아버지 생전
에 시바타, 다카자네 선생님에 대해 얘기를 들은 적은 없습니다. 다카

자네 선생님은 아버지가 위독했을 때 시청을 통해 가족을 수소문해줬습니다.

—지난번에 영화 시사회에 왔었는데, 영화를 보고 어땠습니까?

아버지의 고생을 실감했습니다. 아버지는 14세 때 군함도에 갔으니까 너무 힘들었을 겁니다. 실은 저도 어릴 때부터 자동차 정비, 용접을 하면서 전국을 돌아다녔습니다. 탄광에서 일한 적도 있는데 영화가 탄광 내부를 사실적으로 그린 것 같습니다.

—아버지에 대해 어떤 기억이 있나요?

아버지가 건강 문제도 있었지만 일본인들에게 차별당하니까 우리를 시설에 맡긴 겁니다. 아버지는 우리에게 "남자답게 살아야 한다" "잘 먹고 잘 자고 건강해야 한다" "남에게 지지 말고 살아가야 한다"고 이야기했습니다.

—아버지와 언제부터 떨어져 살았나요? 보육원에서 지냈다고 들었는데.

태어나자마자입니다. 당시 어머니는 젊었고, 아버지는 폐병도 앓고 있었습니다. 젊은 여성이 쌍둥이 아들들을 데리고 있으면 살아가기 어려우니까 시설에 맡긴 게 아닐까요.

—언제부터 부모와 왕래했나요?

몇 살 때부터 갔는지는 모르지만 일 년에 두 번씩 갔던 기억이 납니다. 시설에 있는 아이들은 누군가가 보살펴주는 사람이 있으면 나갔다 오고, 없으면 안 가고 그랬습니다. 소학교 3학년 정도, 9세 때부터 왕래한 것 같습니다.

영화「군함도」시사회를 찾은 마쓰무라 아사오 씨(오른쪽)와
시바타 도시아키 나가사키재일조선인의인권을지키는모임 사무국장.

－아버지의 군함도 피해 경험은 언제 알게 됐나요?

나가사키 원폭의 날인 8월 9일 즈음이면 아버지 얼굴이 텔레비전에
나왔습니다. 시설 선생님도 "네 아버지가 나왔다"고 알려줬습니다. 자
연스럽게 아버지가 어떤 상황을 살았는지 알게 됐지요. 집에 가면 텔레
비전에서 아버지를 볼 때가 있었습니다.

－아버지가 사망 전에 혼자 계셨다고 하던데요.

맞습니다. 아버지의 몸 상태가 좋지 않아서 데이케어 사람들이 도와
줬고, 쓰러졌을 때도 그분들이 발견했습니다. 저는 시설에서 독립한
뒤 2~3개월 정도 아버지와 연락했습니다. 자동차공장에서 용접 일을
하면서 첫 월급을 받아 아버지에게 드렸는데 거절했습니다.

-아버지 묘를 잘 해두셨더군요.

아버지 묘를 한국에 만들고 싶어 친척이 사는 마산에도 갔는데 여기에 마련했습니다. 결과적으로는 잘됐습니다. 제가 성묘하러 자주 갈 수 있으니까 좋은 선택이었다고 생각합니다.

-군함도에 대해 어떻게 생각하나요?

아버지를 생각하면 좋은 일이 아닐 수도 있지만 군함도가 유네스코 세계유산으로 등재되면 경제가 나아질 수 있으니까 좋은 일이 아닌가 생각됩니다. 나쁜 역사도 있지만 그걸 객관적으로 볼 수 있는 기회입니다. 나가사키가 군함도로 유명해지는 것도 좋지 않을까요.

-아버지가 말씀해주신 덕분에 우리가 군함도를 알 수 있는 것 같습니다.

'역사적으로 만나야 하는 사람들이 만난 게 아닌가' 하고 생각하면 만나야 하는 사람들이 만나서 일이 된 것이라고 봅니다.

-아버지가 지금 아들의 모습을 보면 흐뭇해할 듯합니다.

나쁜 짓을 하려고 해도 용기가 없어서 못 했습니다. 용기가 없으니까 일을 닥치는 대로 했지요. 적선을 베푸는 사람의 가족에게 경사가 돌아온다는 말이 있습니다. 아버지가 자기 경험을 얘기하면서 평화를 위해 노력했으니까 그쪽에서 편안하게 계시지 않을까요.

서정우 씨가 경험한 이곳

나가사키, 미쓰비시, 하시마

나가사키는 '미쓰비시 도시'로 불릴 정도로 나가사키 계열사가 많다. 미쓰비시중공업 나가사키조선소, 미쓰비시병기 오하시공장, 미쓰비시중공업 나가사키제강소 등이 있다. 나가사키의 하시마탄광, 다카시마탄광도 미쓰비시 계열이다.

군수산업도시인 나가사키에는 가와나미공업이 운영하는 고야기시마조선소, 후카호리조선소가 있고 작업장으로는 나가사키 항운주식회사, 일본통운 나가사키지점도 있다. 미쓰비시중공업, 가와나미공업, 동양공업은 1944년 1월 17일 '군수회사법'에 의해 군수회사(제1차)로 지정되어, 직원이 모두 '현원징용'되었다.

대일항쟁기위원회에 접수된 증언 등을 토대로 짐작한 나가사키 강제동원 조선인 노동자는 1만 300여 명이다. 이들은 한반도에서 직접 동원됐거나 일본에서 살다 동원된 사람들이다. 일본 정부가 한국 정부에 인도한 '조선인 노동자에 관한 조사결과' 명부에서 미쓰비시중공업 나가사키제강소 조선인 143명의 기록이 확인된다. 나가사키 항운주식회사도 '조선인 노동자에 관한 조사결과'에 조선인 113명의 명부가 있다. 일본통운 나가사키지점 또한 '조선인 노동자에 관한 조사결과'에 강제동원된 조선인 노무자 30명, 가와나미 공업주식회사 후카호리조선소는 조선인 501명의 명부가 남아 있다.

일제강점기에 많은 조선인은 '먹고살기 위해' 일본으로 떠났다. 조선인은 취업하기 쉬운 거대 도시, 즉 도쿄, 요코하마, 나고야, 교토, 오사카, 고베 인근에 머물렀다. 일본으로 도항한 조선인 가운데 40%가 이 지역에 살았다. 원자폭탄 피해지인 히로시마와 나가사키는 조선인이 많았던 지역은 아니다. 나가사키의 경우 중일전쟁이 발발한 1937년 말 현재 조선인은 7,625명뿐이었다. 하지만 1945년 조선인 수는 6만 1,773명에 달했다. 조선인이 급증한 것은 강제동원과 밀접한 관련이 있다.

미쓰비시와 미쓰이, 스미모토는 근대 일본 3대 재벌이다. 미쓰비시는 하급 무사 이와사키 야타로가 1873년 미쓰비시상사를 설립하면서 탄생했다. 이 회사는 일본의 대외 영토 확장과 침략전쟁에 힘입어 성장했다. 미쓰비시상사는 1874년 본사를 오사카에서 도쿄로 옮기면서 회사 이름을 우편기선미쓰비시회사로 바꾸고 해운업을 주력 사업으로 삼았다.

설립자가 사망하자 회사 이름을 미쓰비시사로 바꾼 후 1881년 다카시마탄광과 1884년에 임대한 나가사키조선소를 바탕으로 사업을 확장했다. 1885년 제119국립은행을 인수했고 1887년에는 도쿄창고를 세웠다. 그해부터 미쓰비시사는 조선업을 확대하고 다카시마와 나마즈타탄광을 경영했다. 1890년대 정부는 사도와 이쿠노광산 경영권을 미쓰비시사에 양도했다.

1893년 일본 상법 시행에 따라 미쓰비시사를 미쓰비시합자회사로 개편했다. 이 회사를 지주회사로 삼아 사업 분야를 확장했다. 1911년 황해도 황주군에서 겸이포 철산을, 1910년대에는 홋카이도 지역에서 탄광 경영을 시작했다. 미쓰비시합자회사는 미쓰비시조선, 미쓰비시제지, 미쓰비시상사, 미쓰비시광업, 미쓰비시은행, 미쓰비시전기 등을 설립하면서 1930년에는 산하 회사 120개사, 자본금 9억 엔의 재벌로 성장했다.

미쓰비시중공업 나가사키조선소.

미쓰비시는 일본 각지에 군수공장을 뒀다. 나가사키에서 군함, 나고야에서 군용기, 도쿄에서 전차를 만들었다. 나가사키조선소에서 1890년대 군함 건조를 시작으로 잠수함, 어뢰 등 무기를 생산했다. 1928년 미쓰비시항공기를 설립하고, 1934년 조선과 항공기 부문을 합한 미쓰비시중공업을 세웠다.

미쓰비시는 군수산업체로 급성장했다. 대일항쟁기위원회가 파악한 일본 대기업의 강제동원 관련 작업장 운영 상황을 보면 미쓰비시는 284개소의 작업장을 직접 운영하거나 자본을 투자해 운영했다. 미쓰비시는 일본 본토뿐 아니라 한반도와 사할린, 동남아, 태평양, 중국, 만주에 걸친 식민지와 점령지 등 제국 일본의 영역에서 인력과 물자를 동원했다.

미쓰비시는 일찍부터 조선인을 고용했다. 1917년 미쓰비시조선소(효고현 소재), 1918년 후쿠오카현 미쓰비시 소유 탄광에 조선인 취업 기록이 있다. 1910년대 말 홋카이도의 비바이탄광과 나가사키의 다카시마탄광, 후쿠오카의 가미야마다탄광에도 그 기록이 남아 있다.

미쓰비시가 동원한 조선인은 얼마나 될까. 그 수가 10만 명에 달한다는 주장도 있다. 일본 후생성이 보관한 노무자명부에서 미쓰비시광업 소속 조선인은 1만 515명이다. 미쓰비시 소속 조선인 명부 수록 인원이 적은 이유는 현재 발굴된 노무자명부 자체가 일부분이고, 일본 지역에 국한되어 있기 때문이다. 게다가 일본 지역 139개 작업장 가운데 29개 작업장에 동원된 조선인 명부만 확인된다.

우리 정부가 입수한 '조선인노무자공탁금자료'에서 확인되는 미쓰비시 계열 기업은 5개이고, 작업장은 11개소이며, 수록 인원은 5,141명에 불과하다. 위원회가 피해자로 판명한 일본 지역 미쓰비시 노무자 수는 5,933명이다. 나가사키재일조선인의인권을지키는모임은 미쓰비시 중공업이 당시 나가사키시와 그 주변의 산하공장 등에서 강제노동을 시킨 조선인을 1만 3158명(미쓰비시조선 관련 6,350명, 미쓰비시제강 관련 675명, 미쓰비시병기제작소 2,133명, 미쓰비시광업 다카시마탄광 3,500명, 하시마탄광 500명)으로 추정한다.

하시마(군함도)는 미쓰비시광업(주)이 운영하는 사업장 가운데 악명 높은 곳이다. 군함을 닮았다고 해서 군함도로 불린다. 일본인 탄부들은 이곳을 지옥섬이라고 칭했다. 미쓰비시는 1890년 9월 11일 하시마를 10만 엔에 사들여 탄광개발에 착수했다.

하시마의 면적은 10만㎡, 둘레는 1,200m이다. 섬의 동서 길이는 160m, 남북 길이는 480m에 달한다. 이 섬은 높이가 10m 남짓한 방파제에 둘러싸여 있다. 섬의 동쪽과 남쪽 매립지는 제2, 제3수직갱도를

하시마(군함도).

중심으로 기업의 사업용지로 쓰이고, 북부는 주택과 복리 후생시설 지구로 구성되어 있다. 섬에는 7층, 9층, 10층짜리 건물이 들어섰다.

하시마에서 석탄이 발견된 건 1810년 경이었다. 1883년 사가번 후카호리의 한 영주가 하시마를 소유한 뒤 근대적 채굴 사업을 시작했다. 미쓰비시사의 이와사키 야타로는 1890년 하시마를 매입했다. 1895년 미쓰비시사는 하시마 심층부 개발에 착수해 199m 깊이인 제2수직갱도 개착에 성공했다. 1898년에는 제3수직갱도, 1925년에는 제4수직갱도(354m)가 완성됐다. 1936년 제2수직갱도를 개수(616m)하는 굴착 공사가 마무리됐다. 일본 근대화를 따라 증대하는 석탄 수요에 부응하기 위해 하시마탄광은 근대적 채탄기계를 도입했다. 탄질은 강점결탄으로 양질의 원료탄이었다.

하시마에 거주하는 사람은 점점 증가했다. 하시마 인구는 1940년 1,622명에 불과했다. 하지만 다카시마정 자료에 따르면 하시마의 1945년 인구는 4,022명에 달했다. 1943년 중국인 포로 240명, 조선인 노동자 500명이 하시마로 들어왔다는 기록(1973년 10월 25일자 『아사히신문』 나가사키판 기사)도 있다.

나가사키재일조선인의인권을지키는모임은 나가사키 주변의 여러 탄광섬을 1년 동안 조사한 뒤 하시마에서 강제노동을 한 조선인은 500명, 중국인 포로는 250명 등 750명으로 추정했다. 이후 추가 조사를 통해 중국인 수는 250명이 아닌 204명이며 포로보다 농민이 대부분이었다는 사실도 밝혔다.

하시마탄광은 한 사람이 들어갈 정도의 작은 갱구를 기어 들어가 하루 12시간 이상 누운 채로 탄을 캐는 해저탄광이었다. 600~1,000m 내려가야 할 정도의 깊은 막장에는 물이 질퍽거렸다. 해저막장에서는 가스 폭발 사고, 폭력이 빈발했다.

노동자들은 목조 3~4층 건물의 헛간에서 머물다 철근 콘크리트로 세워진 중고층주택에서 살았다. 고층주택의 하층 부분은 빛이 들지 않고 습도가 높았다. 높은 부분은 직원층, 낮은 부분은 광부층이었다. 최하층에는 조선인, 중국인 노동자들이 거주했다. 중국인은 철조망으로 둘러싸인 목조 2층 건물의 수용숙사에 감금됐다.

전력회사가 연료를 석탄에서 석유로 전환하면서 하시마탄광은 수명을 다하게 됐다. 하시마탄광은 1974년 1월 15일 폐광됐다. 폐광 직전인 1973년 12월에도 인구는 2,200명이나 됐지만 이들은 흩어졌다. 1955년 4월 1일 다카하마촌 하시마는 다카시마정 하시마로 편입됐다. 2001년 미쓰비시는 하시마를 다카시마정에 무상으로 양도했고, 그 후 하시마는 2005년 나가사키시 소유가 됐다.

2장

구연철

일본인 감독들은 식민지 조선인들을
돼지처럼 취급했습니다

어린 시절을 군함도에서 보낸 구연철 씨 기록

앞서 군함도에 강제동원된 서정우 씨에 대한 글을 썼다. 하지만 서정우 씨를 만나야겠다, 그와 관련된 기록을 찾아야겠다는 생각을 처음부터 한 것은 아니다. 서정우 씨의 존재를 알게 된 건 2016년 『신동아』에서 소설 『군함도』를 쓴 한수산 작가를 인터뷰하면서다. 한수산 작가는 "서정우 씨의 도움으로 소설을 쓸 수 있었다. 그분이 돌아가셔서 안타깝다"는 말을 했고, 나는 증언자가 사망했으니 내가 할 일이 뭐가 더 있으랴 싶었다. 유족을 만날 생각도 못 했다. 위안부의 아들을 취재하다 혼란스러운 감정에 휩싸인 적이 있던 터라 마음이 선뜻 움직이지 않았다.

군함도 취재 기획을 시작한 건 2017년 2월 무렵이다. 동료인 강부경 미술기자와 나는 사람들이 관심 있는 주제를 깊이 파고드는 기사를 온라인에 게재해보자며 의기투합했다. 시각장애인을 위한 디자인을 연구하며 박사과정을 밟고 있는 그는 마이너리티에 대한 관심이 지대하다. 우리는 죽이 잘 맞았다. 딸을 둔 아빠이기도 한 그는 여학생들이 생리대를 살 돈이 없어 운동화 밑창으로 대신한다는 뉴스를 보고 내게 해결 방법을 묻기도 했다. 나는 이런 사람이 회사 동료라는 사실에 안도했다.

디지털미디어팀에 합류한 우리는 2017년 1월부터 사람들의 공분을 살 수 있는 주제, 지속적인 관심을 불러올 수 있는 주제를 탐색했다. 그렇게 해서 워킹맘, 위안부, 군함도 등 세 개 주제로 좁혀졌다. 나는 위안부 취재를 먼저 하고 싶었다. 하지만 영화 「군함도」가 그해(2017) 여름 개봉한다고 하니 군함도도 준비해보기로 했다. '문화' 군함도를 '사실' 군함도로 만들자는 기획이었다. '군함도에 대한 소설도 나오고 영화도 나오고 있는 상황은 중요하다. 하지만 문화는 어디까지나 문화다. 그 역사가 기록되려면 사실을 기록해야 한다'는 취지였다. 영화가 나오기 전 준비해 영화 개봉 즈음에 기사를 내보내면 파급력이 있을 것이라고 예상했다. 그저 생존자 몇 명 만나고, 정부 자료 잘 정리하자는 심산이었다.

나는 이 기사를 우리 자체 플랫폼인 『매거진D』 이외에도 포털사이트 다음 스토리펀딩 플랫폼에 게재하려고 했다. 스토리펀딩이 성공하려면 인지도 높은 스타가 필요했다. 대중에게 인지도가 높은 스타의 이미지를 활용해 이 프로젝트를 확대하려고 했다. 현재는 그런 경향이 좀 줄었지만 2017년만 해도 브랜드 가치가 있는 인물이 나서서 이야기를 끌어가는 경우가 많았다.

우리는 함께할 스타들을 물색해 일일이 연락했다. 영화 「군함도」를 만든 류승완 감독과 배우 소지섭·송중기, 외증조부의 친일 논란이 있는 배우 강동원, 위안부에 관심 있는 가수 비스트(현 하이라이트)와 이효리, 독립운동가 후손 배우 김지석·배성우, 스타 역사 강사 설민석, 군함도 현지에 갔다 눈물 흘리고 돌아온 MBC 「무한도전」의 유재석과 하하, 위안부 소설을 쓴 배우 차인표. 하지만 모두로부터 퇴짜를 맞았다. 역사 문제를 다룬다는 것, 기자와 신뢰관계 없이 이런 일에 나선다는 것은 그들에게도 부담이었을 터다. 결론은 '우리끼리라도 해보자'가 됐다.

강부경 기자는 마케팅 방법을 알아봤고 나는 나대로 취재를 시작했다. 군함도를 알아보려면 먼저 무엇부터 해야 할까. 가장 쉬운 방법은 자료를 찾는 것이었다. 자료에 귀한 이야기가 많이 담겨 있기 때문이다. 2017년 2월 초 교보문고, Yes24, 알라딘 사이트에 들어가 책을 찾았다. 검색 키워드는 군함도, 하시마, 지옥섬. 책은 별로 나오지 않았다.

　허탈한 마음에 취재원에게 전화를 걸어 자문을 구했다. "혹시 군함도 생존자들의 이야기가 담긴 책은 없나요?" 일본에서 나온 책이 몇 권 있다는 이야기를 들었다. 하지만 일본어를 읽을 줄 모르니 그 책을 찾아볼 필요가 없었다. 일주일 정도 지났을까. 정혜경 연구자가 전화를 줬다.

　"일단 구연철 씨 기록을 찾아보세요. 군함도 강제징용자는 아니고, 군함도 일반 노무자의 자제분입니다."

　군함도에 '자발적으로' 들어가 '정당한' 급여를 받으며 일한 조선인이 있다니 놀라웠다. 2017년 3월 15일. 광화문 교보문고에 들러 책을 샀다. 『신불산 : 빨치산 구연철 생애사』(산지니, 2016). 반가운 마음에 책을 읽어 내려갔다. 과거로 묻힌 줄 알았던 군함도가 현존하는 느낌이 들었다. 1939년부터 1945년까지 하시마에서 어린 시절을 보낸 구연철 씨의 기록은 여러모로 의미가 있었다. 책에는 당시 상황을 짐작게 하는 구절이 많았다.

　이주노동 중에서도 최악의 조건일 수밖에 없는 탄광에 들어간 조선인들은 짐승 우리나 다름없는 합숙소에 집단으로 기거하며 매일 닥쳐오는 죽음의 위협에 노출되어 있었다. 가족까지 데려와 함께 살 수 있는 조선인은 드물었다. 일찌감치 도일해 약간의 돈을 모아놓고 단칸방이나마 사택도 얻어 가족을 초청한 아버지는 운이 좋은 편이었다. 아버지가 일하는 곳은 나가사키현에 있는 하시마라는 곳이었다. 일본 열도의 맨 남쪽 규슈에 있는 작은 섬으로, 부산에서 관부 연락선을 타고 시모노세키 항에 도착해 기차를 타고 나가사키로 내려와 다시 배를 타고 70리를 들어가는 곳이었다. -『신불산』 17쪽

일본인들에게도 흰 치마저고리에 흰 두건까지 두른 한국인 가족은 별나게 눈에 띄었다. 대한해협의 해류는 거칠었다. 네 아이들은 그런대로 버텼는데 할머니와 어머니는 심하게 멀미를 했다. 밤새 토하고 또 토하며 완전히 탈진해버렸다. 일본인들은 힘들어하는 조선인 부녀자들을 동정심으로 쳐다보기는커녕 더럽다고 피하며 냄새나니 나가서 토하라고 욕을 해댔다. -『신불산』 19쪽

거룻배에서 내려 선착장에 올라서니 제방을 뚫어 만든 동굴이 기다리고 있었다. 하시마로 드나들 수 있는 유일한 출입구였다. 입구 위에 붙여놓은 현판이 눈에 들어왔다. 한자와 일본어를 섞어 쓴 글씨를 찬찬히 읽어보았다. '영광의 문.' 대일본제국의 영광을 위해 열심히 석탄을 캐라는 뜻이었을까? 대일본제국을 위해 석탄을 캘 수 있게 되어 영광이라는 뜻이었을까? -『신불산』 27쪽

구연철이 살던 사택과 학교 사이에는 조선인 광부들의 합숙소가 있었다. 일본말도 잘할 줄 모르는 이들은 양편으로 늘어선 허름한 방마다 40명 넘게 수용되어 있었다. 돼지우리에도 수십 마리를 한꺼번에 넣지는 않으니 말 그대로 돼지우리만도 못한 곳이었다. 일본인 감독들은 식민지 조선인들을 진짜 돼지처럼 취급했다. 식사는 나날이 형편없어지는 데다 혹독한 구타가 예사였다. -『신불산』 33쪽

얼마나 많은 사람이 죽는가는 아이들이 더 잘 알았다. 학교 교실에

책 『신불산』에는 구연철 씨가 어린 시절 경험한 군함도가 묘사되어 있다.

책 『신불산』 곳곳에 강제동원된 조선인에 대한 설명이 나온다.

앉아 있으면 나카시마 섬이 빤히 내려다보였다. 섬에서 검은 연기가 피어오르면 누군가 죽어 태우고 있다는 뜻이었다. 하시마에서 사람이 죽으면 장례식은 물론, 옷을 갈아입히거나 씻기거나 하는 절차조차 없었다. 못 쓰는 가마니짝 따위로 대충 덮어 거룻배에 싣고 가 기름을 부어 태워버렸다. 사람 시신이 타려면 오랜 시간이 필요했다. ─『신불산』 35쪽

해방의 소식은 아이들도 들뜨게 했다. 아이들은 그 잔인하고 무섭던 일본인들이 사라져버린 섬을 이리저리 마음껏 뛰어다니며 해방을 즐겼다. 구연철도 조선인 친구들과 어울려 어디 숨어 있는 일본놈 하나 없나 하고 밤늦도록 제방 길을 뛰어다녔다. 유달리 조선인을 괴롭히던 악랄한 감독이라도 하나 잡으면 실컷 두들겨 패줄 생각이었다. ─『신불산』 52쪽

한참 신나게 돌아다니던 구연철 일행이 선착장에 가보니 동굴 입구에 붙어 있던 영광의 문이라는 현판이 사라지고 없었다. 대신 힘

차게 휘갈겨 쓴 새로운 현판이 붙어 있었다. '지옥의 문.' 누군가 영광의 문이란 현판을 떼어내고 지옥의 문이라 써서 붙여놓은 것이었다. 누가 써놓았는지는 알 수 없지만 적의 땅, 원수의 땅에 강제로 끌려와 뼈만 앙상하게 남도록 혹사당하다가 죽어간 이들의 영혼을 위로하는 듯했다. -『신불산』 52쪽

책을 대충대충 읽고 내용을 파악한 뒤 출판사에 전화를 걸었다. 신원을 밝히고 "구 선생님 전화번호를 부탁드린다"고 청했다. 구연철 씨의 전화번호를 받자마자 연락을 드렸다. 목소리를 최대한 낮추고 비장한 말투로 인터뷰 취지를 구구절절 설명했다. 이런 자세로 인터뷰를 청하면 대부분 성사된다. 그런데 구연철 씨는 단칼에 거절했다.

"(내가 사는 부산에) 찾아와 무엇하겠소."

인터뷰할 수 없으니 책만 멍하니 바라볼 수밖에 없었다. 군함도 생존자와 더는 연락을 못 하는 상황이라 당장 만나러 갈 사람도 없었다. 2017년 3월 무렵. 마음만 앞서는 나는 강부경 미술기자와 앞으로 할 일에 대해 이야기만 나눴다. 그래도 그 덕분에 어느 때보다 하루하루가 충만했다.

군함도에서 6년을 살았습니다

구연철 씨 인터뷰 ①

　구연철 씨는 군함도 일반 노무자인 아비지와 함께 1939년부터 1945년까지 군함도에서 살았다. 그곳에서 국민학교(초등학교), 고등과 (4년제 약식 학부, 중학교)를 다녔다. 군함도 생환자의 기억이 온전치 못한 상황에서 80대인 구연철 씨의 말씀은 의미가 있다.

　구연철 씨에게 인터뷰를 청했다 거절당했을 때 처음에는 머쓱했지만 곧 괜찮아졌다. 바다가 넓다 해도 만날 인연은 만난다. 만남이 성사되면 '인연이구나', 그렇지 않으면 '인연이 아니구나' 생각한다. 그래야 마음 편히 살 수 있다.

　2017년 3월 초 구연철 씨에게 연락드린 이후 마냥 기다렸다. 그리고 그해 6월 초 다시 연락드렸다. 5월 나가사키에 두 차례 다녀왔던 터라 나의 열의를 보여줄 증거도 있었다. 나는 "군함도를 '자세히' 취재하고 있다"며 허풍을 떨었다. 이번에 그는 인터뷰 요청을 승낙했다. "군함도 이야기라면 하겠습니다. 다른 정치적인 이야기는 하지 않겠습니다."

　2017년 6월 12일. 버스를 타고 5시간 동안 내리 갔다. 일어나니 부산 해운대였다. 5월 나가사키에서 만난 이재갑 사진작가가 부산 예술지구 P에서 군함도 전시를 하고 있어 잠깐 들렀다. 군함도 내부를 찍은 유일한 한국인 작가로, 2008년 군함도에 잠입해 조선인 숙소도 촬영했다. 2007년부터 강제동원 피해자의 흔적을 담아 『한국사 100년의 기억을 찾아 일본을 걷다 : 생생한 사진으로 만나는 일제강점기 조선인 강제징용

군함도를 촬영한 이재갑 사진작가의 사진전이 2017년 6월 부산 예술지구P에서 열렸다.

잔혹사』(살림, 2011)도 펴냈다.

서둘러 전시를 본 뒤 나는 부산 장산역으로 향했다. 점심으로 콩나물해장국을 후다닥 먹었다. 구연철 씨에게 연락했더니 식사를 안 하셨다기에 콩나물해장국을 포장했다. 부산 장산역 7번 출구. 강단져 보이는 작은 노인이 서 있었다. 우리는 한 세미나실로 향했다. 세미나실 안에 마침 식당이 있기에 어르신을 그곳으로 모셨다. 인터뷰가 길어지면 시장하실 것 같아 강권했다. 나는 다른 방으로 갔고, 어르신을 기다렸다. 20분이 지났는데도 오시지 않아, 식당 문을 열어보니 구연철 씨는 식사하지 않은 채 벽을 보고 있었다. 그렇게 시작된 인터뷰는 3시간 넘게 이어졌다.

-안녕하세요. 꼭 뵙고 싶었습니다. 어린 시절을 군함도에서 보내셨으니 군함도에 대해 자세히 말씀해주실 수 있을 텐데요. 이것이 제 기획안입니다.

(기획안을 보며) 하나 수정해도 됩니까? 내 나이가 잘못됐네요. 80이 아니고 86입니다. 1931년생.

-아, 예 고치겠습니다. 이제 영상도 촬영하려고 합니다. 영상을 편집해 인터넷에 올려 군함도의 실상을 알리고 싶습니다. 괜찮으신가요?

군함도에 관한 것이라면 상관없습니다. 군함도는 다녀왔습니까? 오카 마사하루 기념관에는 갔습니까?

-네. 그 기념관을 만드신 다카자네 야스노리 선생님 추모식에도 갔습니다. 작년에 다카자네 선생님과 토론을 많이 했습니다. 훌륭한 분이던데….

-(군함도 관련 영상을 보여드리며) 이걸 보면 옛일이 생각나실지 모르겠습니다.

내가 거기(군함도)에서 6년을 살았는데, 어릴 때는 민족 문제라든가 평화 문제라든가 이런 데 관심이 없었습니다. 지금 돌이켜보면 참 역사에서 잊을 수 없는 곳인데…. 작년(2016)에 3박 4일 다녀왔습니다. 여기에(인터뷰 자리에) 오면 첫인상을 좀 얘기하고 싶더라고요.

-말씀해주세요.

내가 9세 때 할머니하고 어머니하고 내 밑에 동생 둘을 데리고 부산에서 시모노세키까지 가는 관부연락선에 탔습니다. 배 맨 밑에 홀 같은 곳에, 배가 제일 흔들리는 곳에 다다미가 쫙 깔려 있었습니다. 조선 여자들이 많더라고요. 봇짐 짊어지고 남편, 아들 찾아가는 여자들. 배가 밤새도록 요동을 치니까 전부 다 멀미를 할 것 아닙니까. 토하라고 이런

어린 시절을 군함도에서 보낸 구연철 씨.

깡통 하나씩 줬는데 사방에서 밤새도록 고생을 하니까 전부 다 파김치가 되는 거예요. 아버지 주소만 들고 이래 찾아가는데….

–주소만 들고 찾아가신 건가요?

그렇지요. 내가 국민학교 1학년을 다녀서 일본어를 말할 정도가 되니까 가족을 인솔했습니다. 어머니는 40세 가까이 됐고, 할머니는 60~70세이고. 일본에 다섯이 간 거지. 기가 막힌 과거다 참…. 시모노세키 선착장에 내리니까 포장마차가 있어서 주먹밥하고 우동을 사 먹었어요. 다 먹은 뒤 가던 사람한테 주소 적힌 종이를 보여주면서 어디로 가야 하느냐고 하니까 알려주더라고요. 가도 가도 허허벌판만 나옵디다. 할머니는 지쳐 있고, 어린 동생은 어머니가 업고, 동생 하나는 내가 손잡고 걷고. 원래 자리로 돌아오니까 플랫폼이 바로 있대요.

−그 플랫폼에서 기차를 타신 건가요?

그렇지요. 그때 일본사람들에 대한 증오를 느꼈습니다. 처음에 우리에게 거짓으로 길을 알려준 사람도 미웠지만. 아직 지워지지 않습니다. 할머니가 일본 가다 먹으려고 떡하고 엿을 만들었어요. 조선사람들 인정이란 (것이 있어서) 옆사람을 옆에 두고 혼자 먹지 못하잖아요. 할머니가 떡을 옆에 좀 나눠주라고 해서 일본 여자한테 갖다 주니까 "더러운 조선인들"이라면서 내 손을 탁 칩디다. 바닥에 음식이 널렸을 것 아닙니까. 그걸 주워 먹는 애들도 있었고, 나도 민망해서 주섬주섬 주었지. 참 그때 내 가슴에 아… 같은 민족인데… 같은 사람인데 왜 저럴까 싶었습니다. 학교에서 내선일체를 배워서 일본사람들과 우리는 같은 민족이라고 생각했는데…. 이 일로 일본에 대한 감정이 악화됐습니다. 어린 내 인격, 우리 가족, 조선인의 인격을 모욕한 것 아닙니까.

−어린 나이에 상처가 컸겠네요.

그래도 뭐 아버지를 만났으니까. 외삼촌이 전보를 쳐줬는가 봐요. 나가사키역에 가면 아버지가 나와 계실 거라고 했는데 아버지를 진짜로 보니까 구세주를 만난 것 같았습니다.

−얼마 만에 만나신 건가요?

거진 2년 만이지요. 중간에 한 번 집에 오셨거든요.

-아버지는 하시마에서 언제부터 일하셨나요?

내가 군함도에 가기 5~6년 전부터 군함도에 계셨다고 기억해요.

-군함도를 찾아가던 일도 기억하시나요?

아버지가 나가사키 시내를 보여주는데, 건너편을 보니까 큰 건물을 포장해 가려놨더라고요. 나중에 알고 보니까 거기가 군함을 건조하는 미쓰비시조선소더라고. 아버지하고 같이 나가사키항에서 연락선을 타고 한 시간 이상 갔지 싶은데, 처음에 나오는 것이 다카시마, 그다음이 나카시마(나카노시마)라는 무인도, 그 옆이 하시마였습니다. 그때는 연락선이 접안을 못 했어요. 연락선에서 작은 배로 내렸다 다시 작은 배에서 섬으로 올라섰어요. 그런데 지난해 가 보니까 접안 시설을 해놨더라고요. 섬에 들어가니까 바로 그 문이 보입디다.

-'지옥의 문' 말씀인가요?

그렇지요. 해방된 이후 누가 '지옥의 문'이라고 고쳐 놨는데, 처음에는 '영광의 문'이라고 쓰여 있었습니다. 제방을 뚫어 만든 동굴이었는데, 그 문이 하시마로 들어갈 수 있는 유일한 출입구였어요. 출입구가 이 정도(양팔 너비)밖에 안 되는 크기였어요. 작년 10월에 가니까 거기에 아무런 표식도 없고 딱 막아버렸더라고요. 그 대신 계단을 새로 만들어 놨습디다. 어릴 때 기억으로는 그 출입구가 길었습니다. 그 길을 지나서 보니까 하시마탄광 노무자 관리사무소가 나타났어요.

-섬의 첫인상은 어땠습니까?

새로운 천지에 온 것 같지요 뭐. 농촌에서 산, 들 보고 살다 콘크리트 방파제 이런 걸 보니까. 건물도 굉장히 높고, 크레인 두 대가 막 돌

군함도의 일부 지역만 탐방 할 수 있고, 나머지는 출입이 불가능하다.

아가고. 하나는 노무자들 실어내리는 크레인이고, 저짝에는 석탄을 실
어내리는 크레인이고. 식수 같은 걸 공급하는 크레인이 따로 있었는데
이제는 없어졌더라고요. 아파트 지하는 전부 다 강제징용 온 노동자들
수용소였습니다. 내가 살던 집 앞이 바로 징용 온 청년들이 수용돼 있는
곳이었어요. (요즘에는) 거긴 들어가지 못하게 해놨더라고.

　－건물이 붕괴될 수 있어서 사람들을 들어가지 못하게 한다던데요.
　강제징용 사실을 드러나지 않게 하려고 그런 겁니다. 붕괴 위험 때문
이 아니라.

야만적인 사람들은 징용자에게
침을 퉤 뱉었습니다
구연철 씨 인터뷰 ②

－책 『신불산』에서 '하시마 섬 첫인상이 흉측했다'고 하셨는데요.

도착해서 이틀인가 사흘인가 있다 아버지가 출근하면서 "저녁에 (내) 옷을 가지고 와달라"고 그러시더라고요. 한 2년 전 한국에 오셨을 때 정장에 넥타이를 매고 계셔서 아버지가 훌륭한 일을 하시나 보다, 사무직인가 보다 생각했어요. 당시 그렇게 입고 다니는 사람이 드물었습니다. 고관들이나 정장을 입었지. 그래, 어머니가 보자기에 아버지 옷을 줘서 노무 사무실로 갔어요. 사무실 입구에 서서 아버지를 기다리는데 내 앞에 새카만 사람이 와 섰더라고. 입술만 빨갛고 눈만 보이는데 누가 "철아, 철아" 하고 부르는데…. 집에서는 나를 그렇게 불렀거든요. 쳐다보니까 아버지예요. 내가 '굉장히' 실망했죠. (탄광) 안에는 더운가 봐요. 팬티만 입고. 머리부터 발끝까지 새카매요.

－많이 놀라셨겠어요.

굉장히 놀랐지요. 탄광이 어떤 곳인지 잘 모를 때였으니까 아버지가 왜 저렇게 새카맣게 됐나 싶고. 보니까 (일 끝내고) 목욕탕으로 가는 사람들이 다 그렇게 새카맣더라고. 오랜 시간이 지나면서 탄광 노동자들이 채탄 작업을 하면 저렇게 된다는 걸 알게 됐지요.

－(사진을 보여드리며) 이런 복장이던가요. 다카시마 석탄박물관 전시물을 촬영한 건데요.

들어갈 때 저런 복장일지는 모르지만 나갈 때는 그런 복장을 한 사람은 없어요. 위에는 옷도 입지 않고, 반바지 같은 거 하나만 입고 오더라고. 내가 굉장히 실망했지요. 탄광이 있는지 없는지조차 몰랐을 때니까.

－그나저나 학교는 어떻게 하셨습니까?

조선에서 1학년을 다니다 보니 바로 전학이 되더라고요. 조선 학교에서 조선어를 못 쓰게 했어요. 조선어를 쓰다 들키면 처벌받았지. (조선) 학교 에서는 일본어를 주로 하니까 회화 같은 건 일찍이 했나 봐요.

－소학교 2학년으로 들어가신 건가요? 하시마에 있는 학교 이름이⋯.

하시마고등국민학교. 중학교가 없기 때문에 이 학교에서 중학교 과정 을 하는 겁니다. 지금은 하시마소중학교라고 해둔 것 같더라고요.

－학교생활 좀 말씀해주시겠어요. 책에는 '조선인 여학생 2명이 더 있었다' 고 하셨던데요.

내 반에 조선인 여학생 2명이 더 있었고. 이름이 뭐더라. 일본 창씨를 쓰니까. 하나는 충청도 애였는데⋯.

－학교 전체에 조선인이 몇 명인지 기억하세요?

그건 잘 모르고, 우리 반만 알지.

－학생 수가 얼마나 됐나요?

한 반에 50명, 60명 이러니까. 어린 학생들은 두 반인가 되고, 내가 6학년 때는 한 반이었습니다.

－전교생이 대략 500~600명 됐던 건가요?

그 정도 되는 것 같네요.

－군함도 강제징용자는 '당시 군함도에 조선인 학생이 있을 수 없었다'고 하던데요. 학생이 조선인 티를 내고 다니는 건 아니니까… 징용자가 조선인 학생의 존재를 몰랐던 건가요?

그렇지요.

－선생님의 아버님 같은 일반 노무자가 몇 분이나 됐는지 기억하세요?

그건 기억 못 해요. 우리(일반 노무자 가족)는 사택이라고 해서 2층 연립식 목조건물에 살았어요. 5, 6세대가 붙어 있었는데, (각각) 세대가 아래층에 방 하나, 위층에 방 하나 이랬죠. 아버지하고 어머니가 아래층을 쓰고, 할머니하고 아이들이 위층을 썼습니다. 그 집을 가보고 싶어서 갔는데, 강제징용 온 우리 청년들을 수용하던 아파트 지하도 둘러보고 싶었는데 못 들어가게 하더라고요.

－사택은 남아 있지 않을 것 같은데요.

그럴 겁니다. 목조건물이라 오래 유지할 수도 없고요.

－조금 전에 말씀하신 학교 생활로 돌아가서요. 조선인이어서 차별받거나 한 적은 없으세요?

차별을 많이 받았는데 차별인지 몰랐지(웃음). 그때 내가 공부를 좀 잘했습니다. 지금은 머리가 둔해져서 그렇지만. 애들 이야기를 들어보면 틀림없이 나보다 공부를 못했다는데 (선생님이) 그 아이한테 1등을 (나는) 항상 2등, 3등 했고. 내 어린 마음에 참 안 됐대. 내 학년에 오키나와에서 온 학생이 있어서 친해졌어요. 오키나와 사람들은 (일본사람들과) 좀 달라요. 체구도 다르고, 얼굴도 좀 검고. 이놈아가 집에서 고구마를 삶아 오면 나하고 나눠 먹었지. 일본놈들은 줘도 먹지도 않았고.

−다른 애들은 먹지도 않아요?

예…. 우리(오키나와 친구와 나)는 서로 잘 통하니까 나눠 먹고 하던 기억이 나네. 차별은 뭐 많이 받았지요. 한 번 왜놈 애들하고 싸움이 붙었는데 (내 학년 애들이) 나한테는 못 이기거든. 하세가와라는 놈이 나한테 좀 맞았지. 그놈아 형이 고등과 2학년인가 그러고 내가 6학년 때, 그러니까 그 형이 나보다 2년 선배지. (그 형이 나를) 공작실에 불러서 분풀이를 하는 거야. 내가 공작실에서 많이 맞고 그랬지.

−조선인 학생들을 노역장에 보낸다거나 하지는 않았어요?

내 선배들이 얼마나 있었는가 모르겠는데 (군함도에) 조선인이 많이 살았거든요. 고등과 졸업하면 대학에 갈 수 있는 애들은 가고, 못 가는 애들은 전쟁 말기에 대부분 군에 지원합니다. 17, 18세밖에 안 됐는데 가미카제 특공대 그런 데 지원하는데, 조선인이나 일본인이나 구별 없이 가고. 나머지는 탄광 노무자로 징발이 되는 거예요. 처음에는 여학생도 많이 이리 징발되었어요, 내가 6학년 때 보니까. 고등과 졸업한 사람들이 우리 학교 옆에 선탄장이라고, 탄이 올라오면 돌을 골라내는 컨베이어 벨트로 해서 배에 싣기 전에 불순물 골라내는 곳에서 일하는데, 몇십 명이 양쪽으로 서서 종일 일하면 새카맣게 되더라고.

−선생님은 운이 좋았네요.

다행이지요. 학교 다녀서 안 갔으니까.

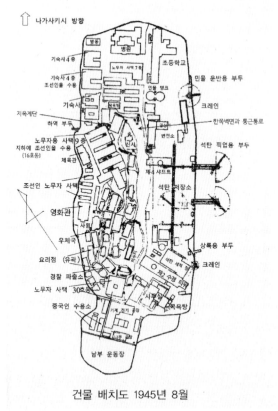

↑ 나가사키시 방향

병동
병원
기숙사 4층
노무자 사택 7호
초등학교
기숙사 4층
조선인을 수용
인물 탱크
민물 운반용 부두
기숙사
저육계단
하역 부두
크레인
노무자용 사택 9호
지하에 조선인을 수용
(16호동)
체육관
한쪽벽면과 통근통로
변전소
석탄 픽업용 부두
조선인 노무자 사택
제4 샤프트
영화관
석탄 저장소
사원
우체국
요리점 (유곽)
상록용 부두
크레인
경찰 파출소
제2 수갱
노무자 사택 30호
석탄 사택
사무실
중국인 수용소
기계 전기 공장
목욕탕

남부 운동장

건물 배치도 1945년 8월

나카사키 재일조선인의 인권을 지키는 모임이 제공한 군함도 지도.

–학교 일과가 끝나면 몇 시였나요? 끝나고 뭐하셨어요?

오후 2시, 3시 되면 마치는데. 여학생들은 뭐 했는가 모르겠어요. 남학생들은 공작실에서 공작을 하던가. 무도장에 갔지. 무도장 1층은 유도부, 2층은 검도부라서 대부분 이거 연습하러 가지. 고등과 되니까 나무총을 가지고 훈련하고. 우리 5, 6학년들은 공작실에서 나무를 가지고 뭘 많이 만들었지. 한번은 운동장에서 뛰노는데, 와타나베 선생님인가 싶은데 그 총각 선생님이 "네 조국은 어디냐"고 물으시더라고요. 학교에서는 '일본이 내 조국'이라고 배웠으니까 그렇게 답할 수밖에요. 근데 선생님이 내 머리를 쥐어박으면서 "네 고향은 조선이다" 하면서 씩 웃으시더라고. 몇 개월 지나니까 그 선생님이 없어져버렸어요. 선생님이 전근 가면 송별회 하면서 여학생들은 울고 안 그렇습니까. 그런 것도 없이 사라지신 걸 보면 선생님이 평화주의자나 사회주의자가 아니었나 싶어요.

─그래도 그 선생님의 말 한마디가….

내 머릿속에 인식됐지요. 내가 의식을 각성했을 때니까. 평화가 뭔지, 전쟁이 뭔지 조금 알게 됐어요. 전쟁 말기가 되니까 (분위기가) 점점 달라지더라고. 그 전에는 일본인이 침을 퉤 뱉었습니다.

─누구에게요?

조선인에게요. 끌려온(징용 온) 사람들은 주간하고 야간이 있으니까, (탄광에) 야간에 들어가는 사람들이 낮에 (길을) 거닐면 일본사람들이 참으로 (이 사람들을) 무시합니다. 배운 인종은 좀 낫겠지만 무식한 사람들은 참말로 야만적입니다. 옷도 안 입고 다녀요. 훈도시라는 것 압니까? 벌건 대낮에 훈도시 하나 가리고 활보합니다. 그러면서 조선인 지나가면 퉤 (침을) 뱉고 지나가고.

─경멸하는.

그렇지요. 약간 경멸이 아니라 완전히 경멸하는. 인간으로 취급을 안한 거예요. 전쟁 말기가 되니까 달라지더라고. 왜 달라지느냐 하면….
이제부터는 징용 온 사람들의 생활에 대해서 이야기를 해야 하는데….

일본 정부가 세계인에게 사기 치는 거 아닙니까
구연철 씨 인터뷰 ③

－선생님은 1939년 군함도에 가셨는데요. 강제징용 온 사람들은 언제부터 보였습니까?

1943년 말 되니까 우리 집에 청년들이 찾아왔어요. "징용 왔다"고 하더라고요. (청년들이) 아버지하고 이야기하고, 할머니와 이야기하고 그랬지. 20, 21세 이런 사람들도 있고. 내가 어려서 이야기를 들어도 (무슨 뜻인지) 몰랐지만 조선에서 끌려왔다고 하대요. 청년들이 돈 벌러 온 것이 아니라 강제로 끌려왔다는 걸 알았습니다.

－그 전에는 (군함도에) 징용 온 사람들이 없었나요?

그건 잘 모르는데, (그 청년들이) 우리 집에 온 1943년도쯤에….

－그때를 떠올리면 어떤 생각이 나세요?

하시마는 물도 식량도 전부 배급을 주는데, 1943년 초까지는 그런대로 배급이 괜찮았어요. 그런데 44년 되니까 배급이 줄더라고요. 처음에 (우리가) 갔을 때는 물자가 굉장히 풍부했어요. (두 손바닥을 합치며) 이만한 바나나가 나오는 거예요. 파인애플, 바나나 이런 게 얼마나 많이 나오는지 다 먹지도 못해요. 그런데 배급이 점점 줄어들었어요. 쌀은 줄고 밀이 많이 배급되더라고. 한번은 부모님이 '야메'를 해야 한다고 했어요.

구연철 씨가 하시마 지도를 그리며 조선인 강제동원 실상을 설명하고 있다.

—야메(일본어 '야미', '합법적이지 않은')?

불법거래요. 아버지가 그러대. 일요일에 어머니하고 어디를 같이 다녀오라고. 그러면 어머니랑 같이 배낭 같은 거 짊어지고 가는 겁니다. 아버지한테 한 달에 한 번 작업화가 나옵니다. 지카타비라는 건데.

—(사진을 보여드리며) 이건가요?

이렇게 갈라진 게 이게 맞네. 아버지가 이걸 갱내에서 작업할 때 신지 않고, 모아요. 그럼 그걸 가지고 어머니하고 나하고 일본 농촌에 갑니다. 거기서는 이걸 굉장히 좋아합니다. 살 수도 없고, 농촌에서 신기 편리하고 그러니까. 지카타비 한 켤레를 주면 쌀을 서너 되 받은 것 같아. 어머니가 한 짐 이고, 나도 하나 지고 오는 거지. 이렇게 해서 가져온 쌀로 밥

군함도 강제동원 피해자들의 주식은 콩깻묵이었다.
오카 마사하루 기념 나가사키평화자료관에 모형이 전시돼 있다.

을 해 먹으면 일본 여자들이 자기들도 구할 수 없느냐면서 탐을 내요. 그때 배급이 뭐가 나왔느냐면 콩깻묵이 나왔어요.

　－강제징용자들은 콩깻묵을 많이 먹었다고 하던데요.
　우리 집 옆에 (조선인 강제징용자) 취사장이 있어서 밥 하는 걸 봤어요. 큰 솥에다 쌀하고 콩하고 넣어서 하는 걸 봤어요. 그런데 1944년부터는 콩도 쌀도 없고 (강제징용자들에게) 콩깻묵을 먹이더라고.

　－콩깻묵이 뭔가요?
　이건 조선에 없습니다. 만주에 콩이 억수로 많이 나거든요. 일본이 패망하기 전 군수품이 모자라니까, 그 콩을 가지고 기름을 짰어요. (군수용 기름 짜고 남은) 찌꺼기가 콩깻묵이야. 동물 사료 하기도 어려운 걸 삶아가지고 먹인 거예요.

‐일반 노무자도요?

그렇지요. 강제징용자들이 줄을 쭉 서서 그거라도 얻어먹으려고 그릇 하나 들고 있는 걸 봤거든요. 배가 고프니까 그거라도 먹어야 하지 않겠습니까. 그걸 배식하는 걸 여러 번 목격했습니다. 학교 가는 길에 보이니까…. 그 청년들이 우리 집에 와서 배고프다고 하소연하면, 할머니가 콩깻묵하고 밥을 섞어서 해주고 (청년들이) 참 맛있게 먹고 하는 걸 봤어요. 학교 다니면서 기억나는 것이, 우리가 방파제에 자주 올라갑니다. 다카시마하고 하시마 사이에 나카시마(나카노시마)라는 데가 있는데 거기가 화장장(화장터)입니다.

‐어떻게 아셨어요?

하시마에서 1km 정도 떨어져 있으니까 바로 보이거든요. 하시마에서 나는 탄은 유연탄이에요. 이걸 가지고 불을 때면 연기가 많이 나거든요. 연기가 나면 "또 불태운다" 하고 우리끼리 그랬다고요. 어떨 때는 하루 세 번씩 연기가 올라왔어요. 조선 청년들이 죽은 거지.

‐강제징용자들이 맞았던 건 기억나세요?

많이 맞는 걸 봤는데…. 한 예만 이야기하지요. 학교를 가다 보면 취사장이 있고, 취사장 옆에 노무자들 사무실이 있습니다. 거기서 일하러 갈 사람들을 체크하는 거예요. (오전) 8시가 됐을까. 학교에 가려고 하는데 아우성이 난 거예요. 그리고 학교에 가서 창문으로 내다보니까 두 사람을 콘크리트 바닥에 누이고 가죽 혁대 같은 걸로 때리더라고

군함도 왼편에 나카노시마가 보인다. 이곳에 화장터가 있었다.

요. (맞는 사람이) 아파서 막 고함을 치는데 딱 보니까 (맞는) 사람이 우리 집에 오는 청년이더라고. 그 청년이 고개를 흔들면서 (나한테) 보지 말라고 하는 거예요. 거 참 마음이 안됐대…. 얼마나 맞았는지 난도질 친 것처럼 돼 있더라고. 며칠 있다 (그 이유를) 들어보니까 그 청년이 감기 걸려서 일을 못 나가겠다고 하니 꾀병 부린다면서 그랬답니다. 우리 민족이 참 너무 조국이 없는 민족…. 그때는 조국이나 이런 거 몰랐지만. 그런 광경을 직접 봤습니다. 잊히지가 않아서. 다른 사람 같으면 모를까. 우리 집에 오는 사람인데… 나하고 면(안면)이 있고…. 그래도 정이 좀 있는 사람인데 내 마음이 안 좋을 것 아닙니까.

–이런 청년들이 탈출했다는 이야기는 들어보셨어요?

없고요. 한번은 애들(친구들) 5~6명이 방파제를 도는데, 가마니를 덮어놨더라고요. 애들이 신기할 것 아닙니까. 가까이서 보니까 발만 보이는 거예요. 일본 애가 "죽은 사람"이라고 이야기하는데 내가 봐도 죽은 사람이야. 나중에 들으니까 구마모토까지 헤엄쳐 가다 익사한 사람이래. 조선인이라고 하는데 누군지는 모르지.

–아버님께서 아들에게 징용자에 대해 이야기하지는 않으셨을 것 같긴 해요.

나한테는 그런 이야기 안 합니다. 다만 그 사람들이 이런 방에 가마니만 깔고 수용돼 있는 건 봤지.

–몇 명 정도 수용됐던 걸로 기억하세요?

내가 살던 사옥 앞에 아파트가 있었는데, 그 아파트 지하에 몇 명이나 있었나 몰라요. (전국) 각지에서, 팔도에서 끌려온 거니까. 내 짐작에는 1,000명 이상 되지 않나 싶어요.

–우리 정부는 조선인 강제징용자를 500~800명으로 추산하던데요.

아, 그런가요. 그때 아들(애들)이 '도깨비 보러 같이 가자'고 했어요. 그때 일본사람들이 중국사람들을 도깨비라고 불렀거든. 근데 그 사람들 숙소는 철조망을 쳐놓아서 안을 볼 수가 없어 밖만 보고 그랬지. 그 사람들은 더 비참한 것 같애. 옷을 줬는가, 안 줬는가 모르겠는데. 모포를 하나씩 둘러가지고 왔다 갔다 하더라고요.

–나가사키 원폭 이야기를 좀 해주셨으면 하는데요.

전날(1945년 8월 8일) 공습경보가 내려서 아파트에 있는 사람이고 뭐고 다 방공호로 들어갔어요. 초기에 석탄을 캐던 갱도가 수없이 있는데, 그게 다 방공호가 되는 거예요. 전부 다 가마니 하나씩 들고 갱도에 갔어요. 아침에 공습경보가 해제됐다고 해서 집에 왔지. 그때 아침 8시가 됐나 모르겠는데, 불빛이 반짝하는 거예요. 뇌선 칠 때 섬광처럼, 불빛이 팍 하더라고. 하늘은 쾌청한데 굉음이 오는 거예요. 조금 있으니까 일본사람들이 막 쏟아져 나오는 거야. 다들 "뭐냐 뭐냐" 하면서. 사이렌 소리가 막 울리는 겁니다. 공습경보 소리가…. 어머니랑 다 같이 밥솥째 들고 방공호로 들어갔어요. 2시간쯤 있으니까 공습이 해제되는 거예요. 그날은 뭔지 몰랐는데 이튿날 되니까 소문이 났지. B29가 와서 원자탄을 터뜨렸다고…. 사흘 후에 나가사키에 갔습니다.

-왜 가셨어요?

하시마에서는 도저히 견딜 수가 없으니까 피란 갈라고. 할머니는 일본말 못 하니까 내가 할머니 모시고 간 거예요. 그때 연락선이 와서 타고 나왔는데, 그 큰 미쓰비시조선소가 흔적이 없어. 뼈도 안 보이더라고. 나가사키 시내 딱 들어서니까 전찻 길만 있는 거예요. 건물은 하나도 없어요. 사람도 하나 안 보이고. 집은 물론이고 물도 안 보이고. 한참 걸어 내(시내)를 건너려고 보는데 다리 밑에 새카맣게 쓰러져 있는 거예요. 사람이 말이지. 사람들이 새카맣게 다 타버렸어. 얼마나 뜨거웠는지…. 그 물 있는 데를 와서 다 거기서 죽어버린 거야. 시체가 내를 따라서 깔려 있어. 자꾸 쳐다보고 있는데 할머니는 "이놈아, 이거 보면 안 된다. 보지 마라"고 하는데…. 너무 비참한 생각이 들더라고요. 사람이 왜 저렇게 죽었을까.

그걸 보다 지나가는데, 아버지가 적어준 주소를 찾아가니까 우리 고향에서 온 사람이 일찍이 와서 농사를 짓고 살았는가 봐요. 이틀인가 사흑인가 있었는데 주인 되는 아저씨가 밖에 나갔다 와서는 "철아 철아 철아, 해방됐단다!" 이 이야기를 하더라고. 해방이 뭔지 아나. "해방이 뭡니까" 하니까 "전쟁이 끝났단다" 하는데 그 이야기 들으니까 참말로….

−어떠셨어요?

앞으로 어떻게 될지 모르지만 반갑더라고. 못 먹고살다 이제 좀 먹을 수 있는가 하는 생각도 들고. (아버지 고향 친구가 주신) 쌀을 몇 되 보자기에 싸가지고 왔지. 집에 오니까 해방된 걸 다 알고 있어요.

−선생님은 왜 군함도에 대해 이야기하고 싶으셨습니까?

작년 10월에 (군함도에) 갈 때는 기대가 컸습니다. 우선 내가 살던 집이 그대로 있는가 없는가 보고 싶고. 또 하나는 5년 이상 학교를 다녔으니까 학교에 가보고 싶고, 또 강제징용에 끌려온 청년들이 살던 곳을 둘러보고 싶고…. (하시마를 떠난 지) 70여 년이 지났는데 내 생애 (하시마를) 마지막으로 둘러보고 싶다는 생각이 들더라고요. 그래서 갔는데 (하시마의) 출입구 영광의 문, 지옥의 문 하는 곳을 딱 막아서 못 들어가게 하고 계단으로 가게 했더라고. 거기를 가야 하시마의 첫인상을 알 수 있는데. 창원, 서울 (사람들이) 이래 가지고 20명이 같이 갔는데 그 사람들에게 설명해주고 싶은데…. 설명을 못 하는 거예요.

−그 느낌을 갖게….

그렇지요. 한번 들어가면 못 나오는 굴이다, 여기를 지나면 다시는 나올 수 없는 곳이다, 하는 걸 심어주고(알려주고) 싶었는데 못 들어가고. 그래, 멀리서 하시마를 보는 거예요. 선착장이나 노무 사무실, 수직으로 내려가는 엘리베이터 있는 데라든가, 목욕탕이고 탈의장이고 전

일시 : 2017년 10월 14일 (토요일) 15시~17시

2017년 10월 14일 부산 국립일제강제동원역사관에서
군함도 증언자로 나선 구연철 씨.

기충전소도 내가 설명해주고 싶었는데 전혀 못 들어가게 되더라고. 영
화관이나 배급소나 아이스케키 사 먹었던 조그만 슈퍼도 안내하고 싶은
데. 내 집을…, 징용 끌려온 청년들의 수용소를…, 우리 학교와 병원이
었다는 걸 이야기하고 싶었는데 못 들어가게 하니까 실망한 것 아니겠
습니까. 기대하고 갔는데 실망했습니다. 그래서 이래 이야기합니다.

　−군함도가 유네스코 세계유산에 등재됐는데, 어떻게 생각하세요?
　이 하시마를 유네스코에 등재해 세계관광지로 만들었습니다. 근데 뭘
보고 갈 거냐, 사람들이 와서. 이 군함도가 깊은 역사적 사실들을 가지
고 있는데, 그걸 관광 온 사람들이 보고 느끼고 가야 하는데, 못 들어가
게 막아놨으니까 이게 무슨 관광지냐. 당신들 일본 정부는 완전히 사기

친 거다. 당신들 일본 정부는 일본 국민뿐 아니라 세계인에게 사기 치는 게 아니냐고 항의하고 싶습니다.

구연철 씨를 만난 이틀 뒤 나는 기무라 선생님으로부터 이메일을 받았다. 군함도가 유네스코 세계유산으로 등재되는 데 많은 역할을 한 아베 신조 일본 총리의 소꿉친구가 구연철 씨를 만나고 싶어 한다면서, 의중을 물어봐달라는 것이었다. 어르신은 이 제안을 거절했다.

구연철 씨를 인터뷰하고 4개월이 지났다. 10월 14일 토요일 오후 3시. 부산에 위치한 국립일제강제동원역사관 세미나실을 찾았다. 이재갑 사진작가의 군함도 특별전시에 맞춰 '군함도 증언 및 간담회'가 개최됐다. 이날 어르신은 군함도를 체험한 유일한 증언자로 나서 50명 넘는 관객 앞에서 30여 분간 이야기했다. 이번에도 강제징용자들을 강조했다.

"왜 이걸 증언해야겠다고 생각했느냐면 끌려온 노동자들이 너무 비참한 생활을 합니다. 그 전에는 그래도 밥을 먹는 걸 봤는데 1943년 후부터 쌀밥이 없어요. 뭘 주느냐 하면 만주에서 콩깻묵이라고, 콩기름 짜고 난 찌꺼기를 삶아가지고 줍니다. 콩깻묵을 만주에서 가마니에 넣어가지고 오면 그걸 펼쳐요. 그럼 안에는 겉은 새까맣게 썩어 있으니까 안에 노란 부분만 삶아서 먹이는 거예요. 징용 온 사람들에게 밥 대신 이걸 먹여서 일을 시키는데 얼마나 비참한 이야기입니까. 아버지의 갱내에서 같이 일하던 징용 온 사람들이 집에 가끔 찾아왔습니다. 그 사람들 이야기를 들어보면 우선 배가 고프고, 설사가 나서 일을 못 하겠다고 그래요. 몸이 성해야 일을 하는데, 안 그래요? 학교를 갈 때면 징용 온 청년들이 하루도 빠짐없이 구타당하는 걸 봅니다. 애들 사이에 이야기가 되기를 몽둥이가 사쿠라 몽둥이라고 했거든요. (맞는) 비명소리를 매일

같이 들으면서 학교를 가고 그랬습니다. 그러한 처절한 삶을 내가 겪지는 않았지만 어린 가슴에 남았습니다."

그러면서 어르신은 "(내가) 나이 87이라 언제 죽을지 모르는 사람인데도 그 어린 나이의 일이 잊히지 않는다"면서 다음의 말을 마지막으로 증언을 마쳤다.

"우리 역사가요. 절대로 그냥 소멸되지 않습니다. 이러한 처절한 역사가, 왜 이런 비참한 삶을 살아왔는가 하는 걸 생각할 때 나라를 잃은 백성은 그렇게 살 수밖에 없다. 자기 나라를 찾기 위해서 어떻게 해야 하는가를…. 조국이 없는 민족은 노예 생활을 할 수밖에 없다고 하는 것이 절실히 느껴집니다. 여러분이 참고해주시면 좋겠습니다."

구연철 씨가 '사기'라고 말하는 이유
군함도 표지판, 일본 메이지 산업유산 유네스코 세계유산 등재 과정

군함도 표지판에 없는 '강제동원'

일본 정부는 2018년 6월 현재까지도 하시마탄광에 강제동원된 조선인, 중국인에 대해 언급하지 않고 있다. 기무라 히데토 씨에 따르면 나가사키시는 2017년 3월 관광객들이 드나드는 하시마에 새 표지판을 설치했다. 표지판에는 전시기 강제동원된 인력에 대한 설명이 없다. 일본어 표지판 내용은 다음과 같다.

'하시마탄광은 세계유산 일람표에 기재된 명치 일본의 산업혁명유산의 구성 자산 중 하나입니다. 19세기 중반 서양에 문을 잠그고 있던 동양의 한 나라가 해방(해상방비)에 대한 위기감에서 서양과학에 도전해 공업을 일으킴을 국가의 큰 목표로 삼아, 서양 산업혁명의 물결을 수용해 공업입국의 토대를 구축했습니다. 명치 일본의 산업혁명유산은 1850년부터 1910년 일본 중공업(제철, 제강, 조선, 석탄 산업)에

군함도 설명문에는 강제동원에 관한 언급이 없다.

서 국가의 질을 바꾼 반세기의 산업화를 증언하고 있습니다.'(번역 기무라 히데토)

문제는 일본어 표지판 옆에 있는 영문 표지판이다. 강제동원 노동자 대한 설명은 물론, 식민지배 사실도 생략했다.

'세계유산 일본의 메이지 산업혁명유산 : 철강, 조선 및 탄광. 1850년 대부터 1910년까지 일본에서 주로 철강과 조선, 탄광업을 기반으로 급속한 산업화가 이뤄졌음을 보여주는 일련의 유산들이다. 일본이 50여 년이라는 짧은 기간에 식민지배 없이 일본 고유의 방식으로 산업화에 성공했다는 증거다.'(번역 구미화)

일본 정부의 메이지 산업유산 유네스코 등재 신청 과정

유네스코 세계유산은 1972년 '세계문화 및 자연유산 보호협약'이 규정한 탁월한 보편적 가치를 지닌 유산을 의미한다. 국가가 세계유산을 갖게 되면 해당 지역의 유산을 보호하는 것은 물론이고 국제적인 관심을 집중적으로 받을 수 있다. 관광산업을 통해 지역경제 활성화를 도모할수도 있다.

세계유산은 문화, 자연, 복합유산으로 분류된다. 과거에는 세계유산이 기념물, 건축물, 유적 등에 한정되던 개념이었지만, 이제는 그 대상이 늘어 살아 있는 유산, 산업유산, 문화경관, 연속유산, 초국가유산, 부정적 의미를 가지는 유산도 세계유산으로 등재된다.

2016년 12월 현재 세계유산은 814점이며 이 중 산업유산은 80여 점이다. 산업혁명 전 시기(고대, 전근대)에 형성된 유산은 30여 개, 산업혁명 이후의 것은 50여 개다.

일본은 10여 년 전부터 규슈-야마구치 산업유산군을 세계유산으로 등재하려고 노력했다. 이곳이 '아시아 최초 근대산업지대의 유산'이라는 이유에서다. 짧은 기간에 선진국의 근대기술을 일본 전통 산업기술

군함도디지털박물관에 군함도의
세계유산 등재를 인정하는 자료가 전시되어 있다.

과 융합해 비서구권 중 최초로 산업국가로 거듭나게 된 사례라며 높게 평가해야 한다는 주장이다.

2007년 4월 일본 경제산업성은 근대문화재 중 지역사와 산업사에서 의미 있는 산업유산을 그룹으로 연계해 목록 '근대화 산업유산군 33'을 완성했다. 일본 정부는 규슈-야마구치 산업유산군의 세계유산 등재를 2013년 9월 17일 정부 추천 안건으로 결정하고, 2014년 1월 17일 등재 신청서를 유네스코에 제출했다. 2009년 이래 일본은 전 세계 관련 전문가들이 참가한 '세계문화유산 심포지엄' 5회, '전문가위원회' 10회 등을 개최하며 세계유산 등재의 당위성을 확보해나갔다.

일본이 2015년 유네스코에 제출한 신청서의 제목은 '일본의 메이지 산업혁명유산 : 규슈-야마구치 및 관련 지역'이다. 일본 중화학공업 발전에 큰 영향을 미친 대표적인 지점들을 8개 현의 23개 시설로 묶어 등재를 신청한 것이다.

하시마는 2003년 NPO 군함도를 세계유산으로 만드는 모임이 결성됐다. 하시마 출신으로 조선인의 강제동원 역사를 부정하는 사카모토 도토쿠가 주축이 되어 하시마를 관광자원으로서 주목했다. 하시마는 2009년 문화청의 세계유산 잠정일람표에 기재됐다.

2015년 일본 정부의 신청서 첫 장에 나오는 '아베 신조' 얼굴

유네스코 세계유산 등재 신청서 앞부분에는 통상 그 나라 문화재청장의 글과 서명이 들어간다. 그러나 2015년 일본 정부가 내놓은 '일본의 메이지 산업혁명유산 : 규슈-야마구치 및 관련 지역' 신청서 앞 부분에는 아베 신조 총리의 사진과 글이 들어 있다. 국가적 차원에서 이 일을 도모했음을 짐작게 하는 대목이다. 신청서에는 강제동원 내용이 없다. 그리고 하시마를 다음과 같이 설명했다.

'ii) 노동공간이자 주거공간이었기에 가능했던 군함도의 독특한 공동체 문화

군함도의 40%는 탄광으로 쓰이고, 남은 60%는 주거공간으로 사용됐다. 그러나 사실상 주거공간과 작업공간에 구분이 없었다. 군함도 자체가 하나의 기업이 만들어놓은 지역과 연결된 하나의 협력 사회였다. 지역사회 전체가 같은 곳에서 생활하고 일했다. 바다에 둘러싸인 섬에서 지내는 까닭에 태풍과 같은 자연재해에 대비하려면 주민들은 하나로 뭉쳐야 했다. 이러한 단결이 주민들의 연대의식을 더욱 끈끈하게 만들었다. 문화 행사나 스포츠 시합, 그 밖에 다른 단체 활동을 통해 공동체 의식이 강화됐다. 산신제같이 섬 전역에서 행사를 치를 때면 섬 전체가 하나의 공동체로 똘똘 뭉쳤다. 어떤 가정도 외부와 단절된 채 살아갈 수 없었다. 모든 가정이 화장실과 욕실, 주방과 세탁실을 함께 쓰고, 서로 나누며 살았다. 그렇게 공유하는 생활을 하면서도 이웃끼리 끊임없이 소통하고 타협했기에 별문제가 없었다. 이런 문화가 그들을 마치 하나의 부족처럼 뭉치게 했다. 누구 하나 개인적으로 혜택을 보는 사람 없이 사용 가능한 공간을 모두가 나눠 썼다. 일을 하지 않을 때조차도 사람들은 시간 대부분을 공동의 공간에서 함께 보냈다.'(번역 구미화)

일본 정부가 유네스코에 제출한
신청서에는 아베 신조 총리 사진이 있다.

일본 정부가 유네스코에 제출한 신청서에는
군함도의 강제동원에 대한 언급이 없다.

규슈-야마구치 산업유산군은 혼슈의 3개 현(야마구치, 시즈오카, 이와테)과 규슈의 5개 현(후쿠오카, 나가사키, 구가모토, 가고시마, 사가)을 포함한 총 8개 현에 걸쳐 있다. 또한 23개 시설의 산업화 시기를 바쿠마츠(1850년대 초반~1867)와 메이지 시대(1868~1912)로 구분하면서, 규슈-야마구치 산업유산군은 근대 전체 기간 중 '메이지시대'로 국한한다. 아울러 개별 지역을 모두 1850년대부터 1912년 사이 서구의 산업화가 비서구사회, 즉 일본에 성공적으로 정착된 사례로 소개한다.

특이하게도 8개 현의 산업 발달 단계를 종합적으로 나타내는 것이 아니라, 특정 발달 시기만 설명하고 있다. 23개 시설은 메이지시대 이후에도 작동됐지만 초기 일정 시기의 산업유산만 세계유산 등재 대상으로 신청했다. 이는 메이지시대 이후에 자행된 일들을 은폐하기 위한 것으로 보인다.

지금은 사라진 정부기관인 국무총리실 산하 '대일항쟁기 강제동원 피해조사 및 국외강제동원 희생자 등 지원위원회'의 발표 자료에 따르면 일본 정부가 세계유산으로 신청한 23개 시설은 전범기업(미쓰비시중공업, 미쓰이광업 신일본제철)이 부를 이루던 곳으로, 선조들이 노동 착취에 시달리다 처절하게 숨져갔던 강제동원 피해시설이다. 23개 시설의 절반 이상이 군수산업시설 전쟁연료공급지였다. 그리고 적어도 5개 시설은 조선인이 강제동원된 증거가 명확하다. 2008년 6월까지 위원회에 접수된 관련 지역 피해자만 1,515명이다. 아울러 이곳들에는 중국인, 연합군 포로 상당수가 강제동원됐다.

일본 메이지 산업유산의 유네스코 세계유산 등재

군함도를 포함한 일본 근대 산업혁명유산이 유네스코 세계유산으로 등재됐다. 『한겨레』 보도(2015년 7월 5일, 길윤형·김지훈 기자)에 따르면 2015년 7월 5일 오후 3시 독일 본에서 39차 회의를 연 유네스코 세계유산위원회는 일본이 신청한 군함도 등 '메이지 일본의 산업혁명유산' 23개 시설에 대한 심의를 진행해 세계유산 등재를 결정했다.

일본 정부 대표는 심의에서 "(하시마 등 일부 산업시설에서) 과거 1940년대 한국인 등이 '자기 의사에 반해(against their will)' 동원되어 '강제로 노역(forced to work)'했던 일이 있었다. 희생자를 기리기 위해 인포메이션 센터 설치 등의 조치를 하겠다"고 밝혔다. 한국은 그간 '조선인 강제동원'과 관련된 사실을 분명히 밝혀야 한다고 요구해왔다. 한국 정부는 2015년 6월 21일 한일 외교장관 회담에서 조선인 강제동원의 역사를 명기한다는 전제 아래 등록에 협조하겠다고 합의했다. 조선인의 강제동원 사실을 인정한 일본 정부의 발언은 세계유산위원회가 공식적으로 발표하는 '결정문'엔 포함되지 않았다. 그 대신 한일 양국은 결정문 본문의 주석에 "세계유산위원회가 일본의 발언을 주목한다"는 내용을 넣기로 했다.

윤병세 당시 외교부 장관은 이날 밤 언론 브리핑을 통해 "일제강점기 한국인들이 자기 의사에 반해 노역했다는 것을 사실상 최초로 일본 정부가 국제사회 앞에서 공식적으로 언급했다는 데 큰 의미가 있다. 한일 양국이 극한 대립을 피하고 대화를 통해 문제를 풀어냄으로써 양국 관계의 안정적 발전에 도움이 될 것"이라고 강조했다.

등재 이후 일본의 태도는 바뀌었다. 일본 정부는 메이지 산업혁명유산과 관련해 유산 시설이 있는 곳이 아닌 도쿄에 종합정보센터를 만들겠다는 계획서를 유네스코에 제출했다. 이렇게 되면 군함도의 경우 그 설명을 현장에서 1,200km 떨어진 도쿄에서 봐야 한다. 계획서는 전시 중 징용정책을 포함한다고 하지만 강제노동의 의미가 흐릿해질 가능성도 보인다.

실제로 약속한 후속 조치 이행 보고서에 '강제징용' 대신 '산업지원'이란 용어를 썼다. 『민중의소리』(2017년 12월 5일, 김백겸 기자) 보도에 따르면 일본이 유네스코 세계유산 등재 이후 2년 5개월 만에 내놓은 851쪽 분량의 '보전 상황 보고서'에는 '강제'로 노동을 강요했다는 내용이 없다. 보고서에는 "제2차 세계대전 때 국가총동원법에 따라 전쟁 전(前)과 전쟁 중, 전쟁 후에 일본 산업을 지원(support)한 많은 수의 한반도 출신자가 있었다"고 표현했다.

외교부는 이에 대해 "2015년 7월 유네스코 세계유산위원회에서 일본 근대 산업시설의 세계유산 등재를 결정할 당시 세계유산위원회는 일본 측에 각 시설(23개)의 전체 역사를 이해할 수 있는 해석 전략을 준비하도록 권고했다. 일본이 국제사회에 약속한 대로 강제노역 희생자들을 기리기 위한 후속 조치를 성실히 조속히 이행해야 한다"고 촉구했다.

유네스코 세계유산에 등재된 어두운 역사

세계유산에 인류에 부정적 영향을 끼친 대상이 등재되는 경우도 있다. 전 세계에 단 하나뿐인 희소한 유산이 훼손될 경우 후손들이 그 유산과 관련된 예증을 볼 수 없다는 판단이 서면 세계유산으로 등재된다.

제2차 세계대전 당시 나치 강제수용소이자 집단 학살수용소였던 폴란드 아우슈비츠 비르케나우가 1979년, 미국이 최초 수소폭탄 실험(1952)을 포함해 1946년~58년 총 67회 핵실험을 실시한 마셜군도의 비키니 환초 핵실험지가 2010년 세계유산으로 등재됐다. 1996년 등재된 일본 히라시마 원폭돔도 유사한 이유였다.

아우슈비츠의 경우, 독일이 유대인(이스라엘)에 대한 현실적 배상과 자기반성이 핵심이었다. 아우슈비츠 비르케나우와 관련된 독일 정부의 진실한 사죄 및 처절한 반성이 등재의 전제였다.

비키니 환초 핵실업지의 수중 및 해저에는 핵실험의 잔혹한 해악들이 그대로 드러나 있다. 70여 차례 핵실험으로 마셜군도와 비키니 환초의 역사는 변질됐고, 방사선에 주민들이 오염되거나 강제이주했다. 유네스코 세계유산위원회는 "비키니 환초는 핵실험의 부정적 위력을 전하는 지극히 중요한 증거이며 인류가 핵 시대에 들어섰음을 상징한다"고 세계유산 등재 이유를 설명했다. 비키니 환초는 1996년 일본 히로시카 원폭돔이 등재된 데 이어 두 번째로 핵무기 피해를 후세에 전하는 유산에 올랐다.

3장

최장섭

어디 자랑거리라고 내놓느냐 이 말이여
군함도 생환자 최장섭 씨 인터뷰

나는 이야기 듣는 걸 좋아한다. 그 사람만의 고유한 목소리를 끌어내는 일에 매력을 느낀다. 등반 중 사망한 산악인 고미영 씨의 동반자이자 산악대장인 김재수 씨의 인터뷰 기사를 쓰면서도 그랬다. 히말라야에서 많은 동료를 잃은 산악대장에게 "죽음을 그냥 잊으면 되지, 왜 산에 갑니까. 산에 오르는 이유가 뭔지 모르겠습니다"라고 묻자 이런 이야기를 들려줬다.

"저도 가야 하나 말아야 하나 고민했습니다. 부채감, 그렇죠. 못했던 거를 대신이라도 해주자는 생각. 이걸로 해서 명예를 얻자는 게 아니라, 얘들이 하고 싶어 했던 등반을 내가 한번 해보자, 대신이라도 해서 거기에 내가 위안을 얻자. 어떻게 보면 이기적이죠. 내가 했지만 너희가 한 것처럼 생각하는 거죠. 히말라야를 죽기 살기로 가고 또 가는 게 이해가 됩니까. (중략) 사람마다 산마다 다르겠지만, 산에 올라가면서 아무것도 느끼는 게 없으면 오히려 산이 아니죠. 땀을 뻘뻘 흘리다 모퉁이를 지나 바람을 맞으면 누구나 시원하다고 말합니다. 작은 것에 감사할 줄 아는 마음이 드는 거죠. 큰 산이나 작은 산이나 오르고 나면 이런 잔잔한 만족감이 듭니다."
　　　　　　　　-『신동아』 2009년 10월호 김재수 산악대장 인터뷰 중에서

나는 그의 이야기를 듣고 산악인을 조금 이해하게 됐다. 그리고 많은 사람이 그가 말한 그 '잔잔한 만족감 때문에' 인생을 걸어간다는 생각도

군함도 강제동원 피해자인 최장섭 씨가 관련 자료를 보고 있다.

들었다. 돌이켜보면 나도 그랬던 것 같다. 공들여 인터뷰 기사를 쓰면 잔잔한 만족이 찾아왔다. 수습기자를 마치자마자 이외수 작가를 9시간, 강신성일(신성일) 영화배우를 꼬박 이틀 인터뷰했기 때문인지, 지금도 오래 인터뷰하는 걸 선호한다. 사람과 공유하는 시간이 길면 길수록 자세한 이야기가 나왔다.

군함도 생존자 인터뷰도 이런 방식으로 진행하려고 했다. 오래 들으면 뭔가 많은 걸 얻을 수 있으리라고 생각했다. 일단 만날 수 있는 사람들을 추려봤다. 우리나라에 군함도 피해자는 몇 명일까. 그곳에서 몇명이 돌아왔을까, 생존자는 몇 명일까. 누구를 만나야 할지 몰라 늘 그래왔듯이 관련 부처와 기관을 찾았다. 2017년 3월 행정안전부 담당자에게 군함도 생존자의 연락처를 문의했다. 담당 조사관은 4월 24일 당시 생존자 6명 중 인터뷰에 동의한 2명의 연락처를 전달해줬다. 여기에 최장섭 씨의 간략한 정보가 담겨 있었다.

'최장섭 1929 대전광역시 동구 010-5364-**** 아들 최○○ 연락처, 건강상태 양호하나 청력이 좋지 않음, 1944년 11월경~해방 후 귀환, 일본 나가사키현 소재 미쓰비시탄광㈜ 하시마 탄광'

얼마 지나지 않아 '하시마탄광 강제동원 피해 생존자 진술자료 정리' 파일도 받았다. 15명의 동원 시기 및 방법, 동원 당시 고지받은 내용, 출발 이전 상황, 이동 과정, 동원지에 관한 사항, 근무지 사항, 귀국 관련 사항이 적혀 있었다. 최장섭 씨에 대한 기록도 보였다.

15. 최△△

출 생 년 도	1929년	본 적	전북 익산군
동 원 시 점	1944년 11월	귀 환 시 점	

■ **동원방법 및 동원형태**
- △△국민학교에서 청년연수생 훈련 중 강제로 동원되었음. 큰형님이 모집에 불응했다는 이유로 대리라도 동원하겠다고 강제로 착출
- 형이 모집에 불응했다는 이유로 함경북도 아오지탄광으로 아버지를 끌고 가고, 본인까지 형 대신 징집으로 소환하게 되어 온 집안이 혼란에 처했으며, 익산군청 군수 앞에서 형의 대리로 왔다면서 강제로 동원되었음. 군수가 어린 청소년을 보내면 되겠는가? 담당자는 완강히 거부권을 행사하였음

■ **동원자**
- △△면사무소 강제징용 담당자(윤○○)

- **근무조건, 동원지역에 대해 고지받은 내용**
  - 알지 못했음
- **집합일시 및 장소, 당시 상황**
  - 1944년 11월 1일, 전북 익산군청. 모집인원 100여 명
- **출발식 일시 및 장소, 당시 상황**
  - 1944년 11월 2일, 전북 익산 군청. 살벌한 경비 속에 출발
  - 일본경찰 △△순사와 군 인솔자
- **이동경로 및 교통수단**
  - 이리역(기차) → 대전(기차) → 부산(연락선) → 일본 복도역에서 장기현 도착
- **이동기간**
  - 이틀
- **동승인원 및 동승인원**
  - 일본책임자 ○○대장이 동승한 것으로 알고 있음
- **이동 중 처우**
  - 아무것도 먹은 것이 없음
  - 군 담당자, 일본 경찰 △△, 일본인 대장(○○)이 인솔·감독한 것으로 기억함
- **이동 중 알게 된 사실**
  - 현지 탄광에 도착하고 보니, 도중 도망칠까 봐 잘하는 척 모든 조건이 원만하다고 했음
- **동원지역**
  - 일본 장기현 남월명 고병촌 단도탄광
- **근무부서**
  - 노무자

- ■ 근무조건
  - 1일 2교대(오전 6시~오후 6시), 숙식은 회사 안에서 해결
- ■ 근무처 상황
  - 중국 포로 2,000명, 미군 포로 200명, 한국 징용자들과 함께 군대식으로 탄광을 운영하고 식사는 콩깻묵 밥을 주었음
- ■ 동료, 상관
  - 최○○, 김○○, 서○○
- ■ 임금액수 및 사용처
  - 없음
- ■ 임금지급 및 저축 방법
  - 없음
- ■ 조직 및 단체생활
  - 망망대해 약 10,000평 정도 섬인데 사람을 꼼짝달싹 못 하게 가두어 놓음. 3,000m 바닷속에서 겨울에도 더위에도 견디기 어려운 열악한 환경에서 살벌한 경비 속에서 일함
- ■ 도망, 태업
  - 없음
- ■ 위안소 설치 여부 및 견문 내용
  - 없음
- ■ 해방 전 귀국 경험
  - 없음
- ■ 귀국일시 및 도착장소
  - 1945년 11월 단도탄광에서 출발, 경남 마산에 도착
- ■ 귀국수단
  - 배

- **■ 귀국경로**
  - 단도탄광에서 직접 배 한 척을 대서 일본 대도에서 하룻밤 지내고 경남 마산에 도착
- **■ 귀국사유**
  - 해방을 맞이하여 귀국
- **■ 귀국동행자**
  - 최○○, 김○○, 서○○
- **■ 귀국에 대한 처우 또는 배려**
  - 아무것도 없음
- **■ 출발지 상황**
  - 어수선하고 복잡했음
- **■ 포로 또는 수용소 생활**
  - 없음
- **■ 귀국 직후 가족 및 주변 반응**
  - 살아 돌아온 것을 천만다행으로 생각함
- **■ 귀국 직후 가족 상황**
  - 부모
- **■ 경제적 상황**
  - 어려운 형편임
- **■ 건강**
  - 양호

'생존자 진술 자료'는 조목조목 정리돼 있었다. 하지만 간단한 글이라 당사자의 목소리가 느껴지지 않았다. 정부(강제동원위원회)가 지난 12년간(2004~2016) 강제동원 피해자 유족에게 위로금을 전달한 건수만 7만 6,000건이 넘으니, 모두의 이야기를 듣는 건 어려운 일이었을 터다.

나는 더 많은 자료와 더 많은 생존자를 찾느라 최장섭 씨를 만날 시간을 잡지 못하고 있었다. 그러다 영화 「군함도」가 7월 말 개봉된다기에 더는 미룰 수 없어 2017년 6월 1일 대전으로 향했다. 남편이 대전으로 출장을 간다기에 함께 차를 타고 2시간여를 달렸다. 남편의 출장지에서 최장섭 씨 집까지는 버스로 1시간이 걸렸다.

최장섭 씨는 당시 우리 나이로 아흔두 살(실제 출생년도 1926년, 호적 등록 출생년도 1929년). 군함도를 촬영한 영상을 보여드리며 어르신이 그때의 감정을 기억할 수 있기를 기대했다. 어르신이 2010년과 2011년에 걸쳐 만난 다카자네 야스노리 전 재일조선인의인권을지키는모임 대표의 추도식 영상을 보여드리며 추억을 되새기길 바랐다. 시를 연필로 꾹꾹 써내려가는 속도로 어르신이 다카자네 선생님을 기억했다. 문장을 이으면 이랬다.

"저세상으로 가서 좋은 세상 만나 잘 살아야 할틴디. 일본놈이라도 참 나한테 그렇게 할 수가 없고 기가 맥혀요. 죽은 뒤에 축복이라는 건 없지만. 복 많이 가지고 가시라고 그려. 참… 서글프구먼…. 일본사람이라도 양심가인데. (울먹거리며) 일본사람이라도 양심을 제대로 가진 사람은 그 사람뿐이여. 나하고는 말이 통하니까. 내가 그때 시절만 해도 귀가 안 어둡고 그래서 일본말을 잘했다 이 말이여. 그런 양심을 가진 사람은 드물어요. 사사로운 마음이 없어. 공정할 때는 공정하고. 따질 때는 따지고. 비양심적으로 움직이질 않더라고. 나하고 한 10년 차이가 나는데. 그 양반도 담배를 즐겨하더만. 담배를 나눠 피우고 그랬어. 아까운 사람이 죽었어요. 참 훌륭한 양반이여."

늘 그래왔듯이 오래 이야기하면 많은 걸 얻어낼 수 있을 줄 알았다. 하지만 4~5시간 동안 어르신과 대화하면서 인터뷰 시간보다 인터뷰 '시점'이 중요하다는 걸 알게 됐다. 아들은 "아버지가 2년 전부터 기억력이 급격히 떨어졌다"고 귀띔했다. 어르신은 고개를 저으며 말했다. "몇 명인가는 기억이 안 나." "내가 정신이 왔다 갔다 해서." "정신이 없어요. 당최." 다만 모집인은 물론, 그 모집을 진행한 군수의 이름은 정확하게 여러 번 말했다. 어르신이 두세 번씩 들려준 이야기를 글로 옮기면 이렇다.

"일본놈들이 탄이 지하해저에 그렇게 깔려 있다는 것을 알아낸 것이 기가 맥히다 말이여. 그 미쓰부시에서 그걸 개발한 거니. 바다의 섬. 죽음의 섬. (고개를 절레절레 저으며) 아주 지긋지긋혀. 철장 없는 감옥살이를 지나다 보니까⋯. 그런 역사관을 가지고서 어디 자랑거리라고 내놓느냐 이 말이여. 역사란 건 거짓말을 하는 게 아닌데 거짓말로 역사를 꿰매서 조선사람으로서는 도저히 이해할 수 없다고 그랬어. 거짓말이 없는 역사를 만들어야지. 진실된 입장에서 역학관계를 해소해야지. 그러면 되냐 이 말이여. 보상하나 제대로 안 하고. 역사관으로 볼 적에 안타까운 점이 한두 가지가 아니여."

"그때 유○○이 군수로 되어 있는데, 익산 군수였는데, 아주 깨끗한 척은 다 하는데 말이여. (강제징용) 담당 (모집) 책임자가 윤○○이고. 윤○○이란 사람이 데리고 간 거여. 우리 형님께서 모집을 피해가지고서 유○○이 하는 수 없이 나를 일본 탄광으로 보내 내가 간 거지. 아으참. 정신이 헷갈려서⋯. 군수가 이 어린 사람을 데리고 가서 도대체 어떻게 할라고 그러냐고 하니까 윤○○이가 문제없다고 하더라고⋯. 그다음 날 군청에서 바로 기차를 타고 부산에 가서 하시마로 갔더니 사해가 바다여. 이틀 걸려 갔지."

"(내가 기차를 타고 떠나는데) 어머니하고 여동생하고 나와서 불소참배를 하고. 기차님 지 자식 좀 살려주세유, 우리 아들 좀 건강하게 데려다주세유 하고 애원하더라고. 기차한테 그럴 필요가 뭐 있어. 지금 와 생각해보면, 그 참. 가지 많은 나무에 바람 잘 날 없다고. 그 애타는 마음 호소할 데가 없어서 그렇게까지 하셨는가 봐. 어머니가 (나를) 은가루(자식들) 중에 있는 금가루(사식)라고 그러셨는데, 언제나 저 은혜를 갚나 하고…. 우리 집이 그냥 왜정 때 이후로 숨을 맞았어요(망했어요). 어머니가 (나) 갈때 떡을 두어 말 해줬을 거예요. 그 떡을 나눠 먹고. 나머지는 쉬어 터져 가지고서 먹고. 역시 여기는 배고픈 데구나 하고 느껴지더라고."

"기가 맥히지요. 어쩐 일인지도 모르고. 빌어먹는 것 같지. 그런데 겨울이고 여름이고 팬티 하나, 훈도시 하나 차고서는 땀으로 멱을 감는 거야. 겨울이고 여름이고 간에 땀으로 전부 젖어서 이렇게 나오는데. 조선 사람은 한 700명 됐어요. 나는 주땡이라고 탄 캐는 자리를 메꾸는(메우는) 거 했어요. 죽는 건 2번인가 봤지. 조구통에서 탄가루, 이렇게 내리는 데에서 맥혀서 죽었거든. 하나는 주땡을 하다가 맞아서 죽어버리고. 두 명 죽는 걸 봤어."

"(도망가면) 되려 붙잡혀 그 매를 다 맞는데 그냥 이루 말할 수가 없어요. (탈출에 성공한 사람은) 하나도 없어. 다 잽혀 왔어. (도망가면) 뒈지게 매 맞고. 제일 주동자가 누구냐. 이거부터 묻는 거예요. 일본놈들이. 이렇게 할 적에 아이구, 그냥 그 매를 맞는디 말할 수 없고 치다도 못 봐요. 고름이 질질 나고. 배고 어디고 등짝이고 어디고 그 와이어 줄로 그냥 살 묻어나는 고무줄로 후려 갈기는데. 왜놈들 참 독해요. 일본 사람들이 역사를 속여가면서 그렇게까지 우리 인간에게 몹쓸 짓만 한

걸 누가 알겠어요."

어르신의 기억력이 온전했을 때 진행한 인터뷰 기록은 『군함도에 귀를 기울이면』(선인, 2017)에 실려 있다. 인터뷰 도중 담배를 피우러 서너 번 자리를 비운 어르신은 말했다. "월급이고 뭐이고 못 받았어." 어르신의 아들에게 소송을 통해 권리를 찾을 생각이 있느냐고 묻자 "관심 없다"는 답이 돌아왔다.

최장섭 씨가 수첩에 남긴 자서전.

"소송해보라고 여기저기 단체 사람들이 찾아오기도 했는데, 정부 자체도 해결 못 하는 걸 해봐야 뭐 하겠어요. 괜히 오라 가라만 하지. 그래서 그냥 아버지가 겪은 일을 세상에 알리려고 이렇게 (인터뷰)하는 거예요. 정부가 주는 거라곤 매년 의료비 80만 원이 다예요. (그 외에는) 일절 없어요."

어르신의 생각도 궁금했다. 이렇게 저렇게 계속 질문하자 어르신이 답했다.

"자서전에 다 기록이 있는디…."

도저히 견딜려고 해도 견딜 수가 없어

최장섭 씨 자서전 ①

인터뷰에 동석한 최장섭 씨의 아들이 신반에 올려둔 자서전을 꺼내주었다. 아들은 한 번도 읽어보지 못했다고 했다. 최창섭 씨는 자서전을 '신묘년(2011년) 양력 5월 4일' 현대자동차 수첩에 적어두셨다. 자서전은 수첩 22쪽 분량으로, 군함도 이야기가 많이 나오는 것 같았다.(이 자서전은 2018년 1월 사망한 최장섭 씨의 유일한 피해 기록이다.)

귀한 자료를 찾았다. 하지만 내용을 알 수 없었다. 무식해서 읽을 수 있는 한자가 몇 자 없었다. 격의 없이 지내는 눈 밝은 취재원에게 전화했다. 2017년 6월 9일 토요일, 서울대입구역 부근에 있는 정혜경 연구자의 집으로 향했다. 66㎡ 남짓한 집은 작은 도서관이었다. 한일 과거사 연구자들에게 이곳은 사료 보물섬일 것이다. 이곳을 찾으면 괜스레 숙연해진다.

기자들은 취재원의 말을 듣는 즉시 노트북컴퓨터로 입력하는 때가 많다. 취재원의 말을 녹음해 글로 풀어내려면 시간이 걸리기 때문에 이 과정을 압축하는 것이다. 나도 영화 「귀향」 조정래 감독과 영화 「동주」 이준익 감독의 대담을 진행하면서, 감독들의 대화를 듣는 즉시 노트북컴퓨터에 글로 옮겨 적었다. 하지만 이번에는 그렇게 하지 않았다. 키보드 두드리는 소리에 취재원의 목소리, 정확히는 어르신의 이야기가 가려질까 봐 녹음만 했다. 하지만 녹음이 제대로 되지 않아 카카오톡으로 재차 여쭤봤다. 내용은 이랬다. 주소지, 실명은 생략했다.

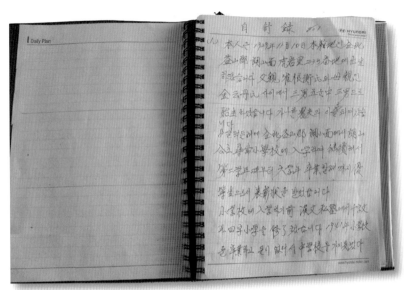

최장섭 씨가 쓴 자서전의 도입 부분.

(1쪽) 본인은 1929년 11월 10일 본적지인 전북 익산군 낭산면 ○○리 ○○○번지에서 출생하였습니다. 부친 최○○씨와 모친 김○○ 사이에서 3남5녀 중 3남으로 태생하였습니다. 가난한 농부의 아들로 태어났습니다. 8세 먹든 해에 전북 익산군 낭산면에서 낭산공립심상소학교에 입학하여 계속해서 제2학년부터 6학년 졸업할 때까지 우등생으로서 표창장을 받았습니다. 소학교에 입학하기 전 한문사숙에서 천자문과 사자소학을 수학했습니다. 1941년 소학교를 졸업하고 돈이 없어서 중학교를 가지 못했다.

(2쪽) 그후 계속해서 한문사숙에 학업하였다. 대동아태평양전쟁 당시 나에게 닥치는 고난의 불행은 어느 누구에도 있을 수 없이 꼬리를 물고

닥쳐오고 말았다. 장형(장남) 최○○이가 일본 정부의 반역자라는 것이다. 왜냐하면 일본 근로모집에 응하지 않았기 때문이다.

그리하여서 부친이 대리로 함경북도 경성 아오지탄광으로 갔더니 (아버지가) 몇 개월 되지 않아서 좌측 손가락 4개가 절단됐다는 소식을 듣고 눈물로 세월을 보냈다. 병상에서 치료를 받고 아무런 보상도 받지 못하고 해방 후에 이북에서 귀가하셨습니다. 가족들은 얼룩진 가정을 파괴시킴에 울부짖었다. 업친 데다 덮친 격으로 일제강제노무자 모집자인 윤○○은 죄 없는 어린 소년을 일본 노무자로 본인 최장섭을 형을 대리해서 일본 노무자

(3쪽) 징용으로 보낸다는 것이었다. 모집자 윤○○은 본인 최장섭을 옹고집으로 1943년 1월 28일자 본인 최장섭을 제휴하고(데리고) 익산 군청으로 데리고 갔습니다. 당일 10시 익산 군수는 임○○이었습니다. 군수가 징용 당사자한테 왜 많은 사람 가운데 이 나이 어린 소년을 보내고자 하자(보내려고 하느냐고 묻자) 모집자 이것은 형이 노무자에 응하지 않았기 때문에 대리 일본에 충성을 다하고자 보내는 것이라고 말하자 익산 군수 역시 친일파의 소위로 갸우뚱 고개를 저으며 말없이 방치했었다. 사실 본인으로서는 어처구니 없는 사실에 고개를 떨구고 말았다.

그리하여 수십 명을 데리고 경부선을 타기 위해서 완행 열차로 이리역에서 대전역으로 출발하였다. 기차가 고향역인 함열에 도착하니 어머니와 여동생이 마중을(배웅을) 나와 있더군요. 어머니와 여동생은 나의 모습을 보고 손을 흔들며 기차가 떠나려고 하자 기차에다 절을 하며 하나님께 기도를 할 때 소년 본인으로서는 뜨거운 눈물로 작별을 하게 되었습니다.

(4쪽) 다시 기적 소리를 울리며 경부선을 대전역으로 출발할 적에 고향의 일행인 최○○과 김○○, 서○○도 눈물을 흘렸다. 기차는 어느덧 대전역에 도착하여 잠시 후 기다리었다가 경부선으로 갈아타고 아픈 다리를 절면서 부산역에 도착했다. 삼엄한 일경의 감시하에 부산항으로 출발했다.

부산항에 도착 즉시 우리의 일행을 인수하여 온 일본 직원 등인데, 나중에 알고 보니 그중 한 사람이 우리 일하는 소속인 누대의 원장 원전(하라다)이었습니다. 그는 우리를 끝까지 사고 없이 데려가려고 갖은 아량 떨며 좋은 일터로 갈 것이니 안심하라는 것이었다. 잠시 후 연락선을 태우더니 약 30분 후에 잠수복을 내놓고 배에서 사고가 났을 때는 잠수복에 처한 사용 방법을 교육했다. 배가 고픈데 겹쳐 배멀미에 시달리는 우리 일행을 이끌고 곤드레만드레 하는 우리들을 밖으로 내보내더니 잠수복을 입힌 채 헤엄치는 방법을 교육시켰다. 일본 박다(하카다)에 도착한 우리 일행은 잠시 기다렸다가

(5쪽) 나가사키항으로 기차에 올랐다. 일본 박다(하카타)를 떠나 후쿠오카를 지나 구마모토를 거쳐 가오섬을 떠나 나가사키역에 도착했다. 도망하려야 도망할 수 없는, 기회가 상실되고 말았다. 그 후 나가사키항에서 우리 일행의 몸을 싣고 거리 해상으로 약 28km나 되는, 약 1시 걸려서 광업소인 단도탄광에 도착해보니 사면이 바다요, 파도만 방파제인 주위의 옹벽에 부딪혀 우리는 여지없이 창살 없는 감옥이 되고 말았다. 이 함정에서는 도저히 빠져나올 구멍이 보이지 않더군요.

하는 수 없이 우리 일행은 숙소로 가는데 위치를 가만히 살펴보니 사각형의 지상 구층 자리 APT 지하실에 숙소를 정해놓고 햇볕이 들지 않는 데다 수기(물기)가 항상 차서 밤낮으로 전기를 사용하고 생활을 하여

야 했다.

우리보다 먼저 정착한 (사람들이) 우리를 보더니 참으로 앞으로 고생이 많겠습니다 하고 인사를 나누고 보니 그대들은 몇 개월 전에 정착한 소위 일본의 이름으로 누대 1소대원들이었다. 특히 우리 일행은 전라남북도의 사람이었습니다. 그다음 날 갱내에 착복할 의류로 검정색 한소대 (한소매?) 반팔 상의와 하의 반바지를 나누어 준 뒤에 지하실 연병장으로 집합시켜 놓고 하라다 대장이

(6쪽) 오늘은 여러분 일터인 장소를 견학할 것이니 지도자의 말을 잘 들어야 위험을 피할 수 있다 말했다. 전기 공급하는 장소로 가더니 갱내에서 사용하는 짊어지는 갗푸(캡)와 탄광에서 사용하는 헤드라이트의 창을 주며 갱내 해저 1,000m 이상이 되는 갱내로 가는 승강기를 이용하여. 소위 비행기보다 빠른 2분 정도 걸렸다.

갱내 입구에 도착해서 사방을 관찰해보니 사방에 울긋불긋한 전깃불이 찬란하게 켜져 있었다. 전기탄차가 왕래하는 찰나에 태평양전쟁 당시 포로로 잡혀온 미군 등이 허기진 몸으로 탄차 끌고 수십 명이나 되었다.

우리 일행 견학자들은 지도자의 인솔하에 지하 해저 터널에서 이웃의 섬인 다카시마까지 전기탄차로 견학을 한 결과 일본 해저 지하자원이 해중에 많이 있다는 것을 알았다.

그리고 일어로 상하 사가노보리 시다노보리를 탄차로 속력 내어 달리어 벼락 치는 소리를 내며 달리는데 무서워 살 수가 없었다. 다카시마에서 견학을 마치고 다시 우리 일터로 왔다. 우리 일행은 광부 등의 일자리인 탄처인 막장으로 왔다. 나는 내 생각에 이러한 막장에서 땀이 비오듯 솟구치고 있는 장소에서 일할 수 있을지 걱정이 태산이 무너지는 심정이었다.

(7쪽) 점심때가 되어서 콩깻묵밥 한 덩이를 먹고 난 뒤에는 고향 부모 생각이 간절이 났다. 언제 고향에 간다는 기약도 없이 소모할 생각을 하니 정말 자살도 불사한다는 생각만이 솟구쳐 오르더군요. 끝으로 굶주림에 시달리고 사시사철 염(소금)으로 뒤범벅이가 되고 영양실조로 다리가 쥐가 나서 하루면 몇 명이 쓰러지는데, 작업은 센 데다 하루에 콩깻묵밥 3덩이로 연명을 하니 도저히 견딜려고 하여도 견딜 수가 없다. 그러는 동안에 세월은 어느덧 2년 5개월이 지나갔다.

〈일본 강 징용자 내역서〉
소속 : 일본 누대 2중대 2소대
장소 : 사각형 APT9층 지하실
속번 : 6105번
성명 : 창씨명 야마모토 장섭 본명 최장섭
주민번호 291110~140****
〈내역 발표〉
1. 육군 대장
일자 1945년 8월 17일

(8쪽) 대동아 태평양전쟁에서 미 · 영국에 항복한 것은 여러분은 같은 마음으로 같이 눈물을 흘리고 있는 각 대원은 고국으로 귀향하니까 안심해주세요라고 눈물을 흘리면서 발표했다.

2. 외국 포로 사항
지나사변 이후 대동아전쟁으로 발발 당시 전쟁포로로 잡혀온 수십 명이 강제로 노역장에서 일을 하고 있는 사람은 중국군과 미국 군인들이

다. 이들도 역시 쓰라린 고통 속에서 일하고 있었다.

3. 대동아전쟁 당시 상황

지금에 와서 생각하니 현장 탄광을 수호하기 위하여 주위 옹벽에 약 100kg 이상 되는 쇠뭉치 수십 개를 옹벽 주위에 매달아 놓고 방어 태세를 했지만 전쟁 당시 일본 해군함이 적재된 탄을 실어가려고 했으나 적재가 끝날 무렵 미국 잠수함으로부터 지뢰를 맞고 군함 중간에 구멍이 나서 해수가 들어가 반은 물에 잠겨버려서 군함이 기울어졌다. 다행이 수심이 얕은 데서 수영을 했기 때문에 일본 해군함은 침몰의 위험을 피하였다.

(9쪽) 4. 작업의 조건

해저 3,000m 수심의 지하에서 조개탄을 발굴하여 사시사철 땀으로 범벅이 되어 현장에서는 팬티만 차고 더위에 시달리며 눈물로 세월을 보내야만 했다. 나라를 잃은 슬픔에 잠겨 나날을 보내야만 했다. 지금에 와서 국내 뉴스를 들어보니 일본 최대 회사인 것이며 엄연 피해자의 보상이 있어야 할 것으로 사료되는 바이다(일본 미쓰비시 회사임).

5. 웃지 못할 에피소드 콩자루의 소개

1945년 8월 28일 우리 일행은 원자폭탄이 투하된 현지인 나가사키 시내 소개받아 답사하기로 단도(하시마)에서 나가사키시를 소개받았다. 일본 나가사키만 부두에 도착하니 항만에는 주둔한 미군 병원선을 비롯해 각 군함이 여기저기 산재해 있으며 방송을 보내고 있었다. 패군 일본함은 여기저기 흩어져 기울어져 있었다. 잠시 후 우리는 시내로 들어가 청소을 하려고 있는 찰라에 주둔한 미군들이 GMC 차로 레이션(전투식량)

과 초콜릿 등 여러 과자를 뿌리며 환영을 했다. 잠시 후 분재된 시내를 다니며 청소하던 중 불에

(10쪽) 창고에 일본 쪽의 식량고에 콩자루 터진 가루가 산재해 있었다. 2년 동안이나 굶주린 우리 작업인 등은 원자탄의 독기를 먹으면 죽는다는 것을 알면서도 주어다가 물에 깨끗이 닦아 튀겨 먹었으나 다행히도 생명에 하등 지장 없이 배 속도 오히려 편안했다.

6. 탈출하다 잡혀온 동지들이 고문당하는 것을 보고 도망하다 잡혀온 동지들은 전남 목포 출신으로 해수를 이용해서 사용되는 갱목을 이용해서 뗏목을 만들어 헤엄쳐 도망했으나 육지에 도달한 결과 일본 조사단에 의해서 잡혀와서 갖은 고문과 심지어는 고무가와 줄로 만든 가와줄로 살이 묻어나도록 고통을 당했다.

사람이 죽어버리면 만만진수를 해준다 해도
고마움을 알랴

최장섭 씨 자서전 ②

(10쪽) 7. 원자폭탄이 투하되던 날

때는 일본의 국운이 쇠퇴해 일본 공군 야마모토 ○○○ 원사가 전투 중 태평양에서 전사했고 그다음 고○○ 사령관이 전사한 후 1945년 음력 7월 6일자 나가사키 시내에 원자탄이 투하(떨어져) 일본 나가사키 해상에서 고빈촌 하시마 해상에 비치는 불꽃이 불바다를 연상케 했다. 한민족은 물론 일본인까지 그날 나가사키 시내를 볼일 보러 간 사람은 개가죽 벗겨지듯 벗겨지고 수십 명이

(11쪽) 화상으로 병원에 입원했으며 시내는 사방 3km 지점까지 소실되어 나가사키 시내에 볼일이 있어 간 사람들은 불행하게도 사망 아니면 원상의 후유증으로 지금껏 고생함.

8. 고향에 돌아오던 날

일본 측의 전쟁 종말 책임은 국제법상 고향으로 보내야 할 책무가 있기 때문에 통통배 3척으로 침몰의 위험성을 무릅쓰고 출발하게 되었다. 오는 도중 비바람이 심해서 오다가 일본 대도섬에서 1박 하고 출발해 고국 마산항에 도착하여 한국 치안대의 환영을 받으며 기차를 타고 고국 익산군 낭산면 ○○리 본가로 귀국하였다.

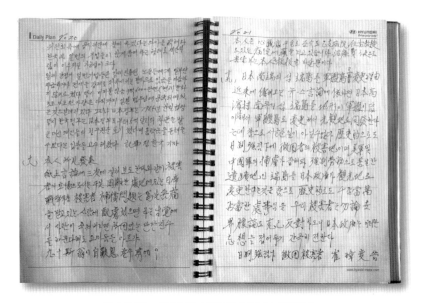

최장섭 씨는 자서전 말미에서 일본 정부를 비판했다.

9. 고향에 돌아와서 부모 형제를 상봉할 때 슬픔

1945년 11월 25일 고향에서 부모 형제를 상봉할 때 도착 즉시 우선 아버지의 현상을 보니 차마 참혹해서 말할 수 없는 슬픔이었습니다. 형제의 대리로 함경북도 아오지탄광에서 일하다가 왼쪽 손목이 절단되어 농부의 아들로 태어나 농사를 지을 수가 없으니 온 가족은 눈물로 세월을 보냈으며 가정형편은 말할 나위가 없었습니다.

(12쪽) 10. 고향에서 지나온 일들

1947년 귀국 후 또다시 한문사숙해 수업을 2년간 받던 중 익산군 여산 송산 문주사라는 사찰에서 불교철학을 공부하기 위해서 공부를 열심히 하던 중 우연하게 무슨 지상에 보도된 광고문에 건국실천원 양성소가 설립되었다고 조선일보 광고문이 되어 있는 것을 여산 문주사 주소지로 연락을 했더니 2개월 후에 오라는 통지문이 도착되었다. 우선 대웅전에서 봉축을 드리는 문자를 소개하면 다음과 같은 철학적인 구절로 구성됨을 기록합니다.

11. 구절문장(대웅전에 봉축) (생략)

(13쪽) 12. 나의 처세 어떻게 되었는가

그후 1948년 8월 1일 서울 처음 가서 설○○ 선생님으로부터 강의를 듣고 많은 호응을 했다. 양성소 인적 구성을 살펴봤더니 초대 회장이 이승만 대통령, 2대 회장은 김구 선생님이고 3대 회장님은 엄상섭 씨였다. 그리고 사무처장에는 일본 와세대를 나온 아주 훌륭한 사람이었습니다.

(14쪽) 그 후 2개월 양성소를 수료하고 재차 김○○ 선생의 도움을 받아서 학교에 입학서류를 제출하고 홍익대학교 법정대학부 제1학년에 입학하였다. 경제적으로 곤란해서 제3학년을 수료하고 중퇴하고 말았습니다. 6·25 동란의 직후라 학교 명칭이 전시 병합대학으로 개칭되어 소생은 고향이 가까운 대전 분교에서 수료장을 받게 되자 4학년을 올라갈 무렵 광주 보병학교 간부 후보생 학생 연대에 입대해서 10주간 전반기 교육을 마치고 후반기 교육을 포기했더니 6개월 후에 제2훈련소에서 입대하라는 통지를 받고 훈련소에서 교육을 마치고 053 ASP 경비병으로 발령받고 난 후 다시 군사무동 051 ASP로 ○○○독립중대에 3년 2개월 만에 만기 재대되어 병장으로 제대했다.

13. 1953년 충남여고 출신인 유○○와 결혼해 4남 3녀의 부모가 되었다. 그후 나는 익산군 농협장으로부터 낭산 단위

(15쪽) 참사로 발령받고 2년 5개월간 열심히 근무했으나 가정 생활에 경제적 도움이 되지 않아 부득이 사표 제출하고 다시 대전으로 올라와서 모진 곤란 겪으며 고생을 하였다. 그저 희망을 잃지 않고 열심히 노력한 끝에 자녀들이 부모에게 효도하고 열심이 협력했기 때문에 우선 식생활의 구애를 받지 않고 살고 있으나 한가지 한이 되는 아내의 병이 자꾸만 무거워지고 당뇨병으로 30년간 투병생활을 하고 있으니 참으로 안타깝고 몸둘 바를 모릅니다. 일주일에 3회씩 을지병원에서 투석 중이올시다. 어찌할 바를 모를 곤란한 즈음에 시민사회 상임위원장이신 이태수 선생님을 뵙게 되어 위로가 좀 됩니다.

14. 대일 청구권 지급에 관한 활성화
일본 정부로부터 5억 불이라는 금액을 국가기간산업 육성하는 데 사용했으면 피해자들의 보상문제를 해결해야지. 피해자의 보상문제를

(16쪽) 생각해야지 현금에 피해자의 보상이란 것은 귀 심사위원회에 의료지원, 위자료 조로 1년에 80만(원)씩 하고 있으니 정부에서는 노년기에 죽기만 기다리지 도무지 도무지 알 수가 없는 일이다.

15. 언론에 보도된 기사를 열거하면 다음과 같다.
2010년 3월 28일자 보도된 기사 내용
일제 강제동원 한국인 노무자들 공탁금 명부
일서 처음 넘겨받아
희생자지원위원회 17만 5,000여 명 확인

일본 정부가 전후 최초로 일제강점기 노역에 끌려간 조선인 17만 5,000명의 미지급금에 대한 공탁금 명부를 우리 측에 건너왔다. 일제강점기 일본 기업들은 한국인 노동자에게 임금을 주지 않고 있다가 전후 미군에 의해서 미지급금 임금을 법무성 등에 공탁해왔다. 이번에 넘겨받은 명부상 공탁금액만 2억 7,800만 엔에 달한다.

대일 항쟁기 강제동원 피해조사 및 국외 강제동원희생자 위원회는 2010년 3월 26일 이번에 공탁금 명부를 가져옴에 따라 그동안 접수한 피해사례 22만 건 중 피해 사실을 입증할 자료가 없이 지원금 지급이 미뤄진 10만 8,000여 건의 보상 업무가 활기를 띠게 됐다고 말했다.

지원위는 이미 지난 2007년 일본정부로부터 군인군속 등 11만 명의 공탁금 기록을 넘겨받아 피해자에게 지원금을 지급해

(17쪽) 왔다. 하지만 일반 노무자에겐 공탁금 자료를 넘겨받은 것은 이번이 처음이다. 이번에 넘겨받은 공탁금 명부에는 일제강점기 일본 기업이 한국인 근로자에게 주지 않은 급여와 수당 등 임금 명세가 포함돼 있다.

지원위 관계자는 2억 7,800만 엔의 공탁금액을 일본 소비자물가지수로 환산하면 우리나라 돈으로 약 556억 원에 해당한다며 당시 1엔을 2,000원으로 환산해 미지급금 임금을 지급할 방침이라고 전했다. 이에 따라 그동안 피해 사실을 증명할 만한 근거 자료가 없어 지원회에 접수하지 않은 다수의 피해자들이 재신청을 해올 것으로 지원회는 보고 있다.

태스크포스를 구성해 6개월간 공탁금 문서 분석 작업을 한 뒤 이르면 11월 일제강점하 민간인 노무자에게 첫 미수금을 지급할 수 있을 것이라고 말했다. 박국희 기자

16. 제2차 언론보도

제목 : 일제 강제동원 한인 노무자 구제길 열려

일(날짜) : 17만 5,000명 공탁기록제공 1인당 지원금 1인당 317만 원 받을 듯

일제 당시 각종 노역에 강제동원된 노무자들과 유족들이 정부지원금 형태로 미지급금을 받을 수 있게 되었다. 외교통상부는 26일 일본 외무성이 주일본 한국대사관을 통해 일제 당시 한국인 노무 동원자 공탁서 부본

(18쪽) 17만 5,000명분을 제공했다. 당시 한인 노무자들의 총 공탁금 액은 2억 7,800만 엔이라고 밝혔다. 일본 정부로부터 강제동원 피해와 관련해 민간인 공탁금 기록을 넘겨받은 것은 전후 처음이다. 1965년 한 일협정 체결에 따라 강제동원 피해자들은 일본 정부에 공탁금 지급 요청을 할 수 있게 되었다. 대신 정부는 태평양전쟁 전후 국외 강제동원 희생자 등 지원법을 제정 공탁금 1엔을 2,000원으로 환산해 지원금을 지급하고 있다. 이번에 공개된 한인 노무자의 1인당 공탁지원금은 한화로 317만 원 정도다.

국무총리 소속 대일항쟁기 강제동원피해진상규명 및 국외강제동원희생자위원회는 이날 일본 정부로부터 공탁금 기록을 일괄 인수 전산화와 함께 본격적인 분석 작업에 착수했다. 위원회는 공탁금 자료를 검증, 분석, 보완해 전산화하는 데 최소한 6개월가량 걸릴 것으로 보고 특별 태스크포스(TF)를 구성키로 했다.

위원회 관계자는 1930년대부터 1945년까지 총 200만 명의 민간인이 일본 기업에 강제동원된 것으로 추정하고 있다며 앞으로도 일본 정부로 부터 추가로 공탁금 자료를 넘겨받도록 적극적인 노력을 기울일 방침이

라고 말했다. 이상은 · 정성호 기자

(19쪽) 2010년 4월 20일자 기사

17. 일제 강제징용 피해자 공익재단설립… 정부 포스코 지원 받아

정부가 포스코의 지원을 받아 일제의 강제진용자 피해자들을 위한 공
익재단을 설립하는 방안을 추진 중인 것으로 밝혀졌다. 지난달 23일 서
울 고법민사9부(제반장 성기문) 심리로 열린 일제 강제징용 피해자들이
포스코를 상대로 낸 손해배상소송의 재판에서 포스코 변호인은 정부가
최근 포스코 측에 징용 피해들을 지원하기 위한 재단에 협조를 요청해
왔으며 현재 내부 검토가 이루어지고 있다고 밝혔다. 징용피해자들을
지원하기 위해서 재단 설립을 추진하고 있는 주체는 국무총리 산하 대
일항쟁기 강제동원피해조사 및 국외강제동원희생자 등 지원위원회다.
위원회 관계자는 작년부터 피해자들에 대한 장기적인 지원 방안을 추진
중이라면서 제안이 설립되면 강제진용 역사 기념관 운영을 비롯해 징용
피해자와 그 유족들을 위한 추모사업, 의료지원, 장학사업 등을 맡게
될 것이라고 밝혔다. 위원 측과 포스코 실무자들은 그동안 3, 4차례 협
의를 가졌으며 포스코 측도 기금 지원 문제에 대해 긍정적으로 반응을
보인 것으로 알려졌다. 위원회 측은 올해 안으로 재단 설립위원회를 만
들어 관련 법안 만든 후 국회에 제출해 이르면 내년 중 공익재단을 출범
시킬 계획이다.

(20쪽) 위원회 측에 공익재단에 참여하겠다는 의사를 밝혀와 한국과
일본의 기업들이 함께 참여하는 형태로 재단 설립이 이루어질 가능성이
크다.

일제강점기 일본 기업들은 강제진용된 노동들에게 일부만 지급하거나 전액을 강제로 저축시키는 방식으로 임금을 지급하지 않기로 했다. 당시 미지불 임금 3억 6,000만 엔(현재 약 3조~4조 원)은 아직까지 일본 법무성에 공탁되어 있는 것으로 알려져 있다. 그러나 일본 정부는 1965년 한일 협정 당시 한국 정부가 일본 정부로부터 5억 달러의 차관을 받는 대신 개인들의 청구권을 포기했다며 공탁금을 돌려줄 수 없다는 입장을 고수해왔다. 정한국 기자

18. 본인 소견 발표

지상 언론에 3차에 걸쳐 보도한 바와 같이 피해자의 입장으로서는 평생 곤란한 처지에 있는 일제 전쟁 시 피해자 보상문제는 우선 고통을 받고 있는 사람을 배려했으면 하는 생각에서 사람이 죽어버리면 소용 없는 만만진수를 해준다 해도 고마움을 알랴. 90세 옹이 탄식할 수밖에

(21쪽) 본인은 심장병 수술로 지금도 을지병원 담당 교수로 있는 병원에 약을 먹고 있습니다. 치료비 부족으로 고생하는 본인의 구원을 바랄 뿐이다.

19. 일본 남쪽의 섬 단도를 군함도로 변경 이유

근래에 전해오는 뉴스 언론에 의하면 일본 고빈촌 남쪽의 섬 단도를 지형이 군함이 닮았다고 해서 군함도로 변경해 관광지로 개발한다는 데 참으로 서글픈 일이 아닐 수 없다. 역사적으로도 일제강점하에 징용자의 피해지이며 미군 및 중국군의 포로가 잡혀와 강제노동으로 고생한 유적지인 단도를 일본 정부가 관광지로 변경한다는 것은 천부당 만부당한 처사임을 우리 피해자는 물론 세계 여론도 극기 반대하오니 일본 정부는 이러한 망상을 접어두기 간곡히 전한다.

일제강점기 징용 피해자 최장섭 씀

(22쪽) 신묘년 양력 5월 4일.

2011년 4월 2일 병상에 누워있던 아내가 죽을 고통을 안고 119 구급차에 실려 충남대병원에 갔으나 고통 속에 숨을 거두었다. 항상 살아 있는 것 같은 선일컴(?)에 열에 살이 있는 깃만 같은 심정은 그 어느 누가 헤아릴 수 있을까. 모든 성의를 다하여 치료를 했건만 이 세상에 나만이 당한 것만 같은 심정 속에 하루하루를 지내고 있습니다. 축수하노니 저 생에 좋은 곳으로 가시어 다시 만나기를 기원 축수합니다.

최장섭 씨의 임금은 어디로

최장섭 씨의 미불금 명부, 국내 미쓰비시 재판 현황

최장섭 씨 미불금 명부

조선인 노무자의 강제동원 피해는 '조선인 노동자에 관한 조사결과'(이하 조사결과)와 '조선인 노무자 미불금에 관한 공탁금 명부'(이하 노무자 공탁금 명부)에서 확인할 수 있다.

'조사결과'는 후생성 노동국이 조선인 노동자에게 지불되지 않은 채무 현황을 파악하려고 만들었다. 일본 정부가 생산한 자료 가운데 가장 많은 작업장과 인원이 기재됐다. 총 15권으로 5,199장이다. 460개 작업장의 6만 9,766명 조선인 노무자의 피해 정보를 파악할 수 있다. 일본은 1990년 8월 7일 노동성 발표로 "5월 25일 한일 외교장관 회의 시, 최호중 한국 외무부 장관으로부터 종전 이전의 징용자 명부 입수에 관한 협조요청이 있던 바"라고 설명한 후 이 명부 사본을 1991년 한국 정부에 인도했다. 일본 정부가 이를 강제동원 명부라고 인식하고 있음을 짐작할 수 있다.

한편 일본 정부는 '노무자 공탁금 명부'를 2010년 4월 한국 정부에 인도했다. 인도된 명부는 총 215개 파일, 공탁서 1,318건, 공탁금액 1억 2,800만 엔, 조선인 총 17만 5,000건이다. 조선인 노무자의 미불금 관리를 검증할 수 있는 자료지만 하시마탄광 기록은 없다.

하시마탄광 노무자에 대한 기록은 '조사결과'에서 확인할 수 있다. '조사결과' 다카시마탄광 명부에는 하시마탄광 내용이 포함됐다. 생존 피해자들의 진술 덕분에 '미쓰비시 나가사키조선소' 명부에 다카시마탄광 조선인 노무자 명단이 수록된 사실을 확인했다. 다카시마탄광의 미불금액은 22만 4,862엔 10센으로, 조선인 노무자 인당 약 173엔에 해당한다. 다카시

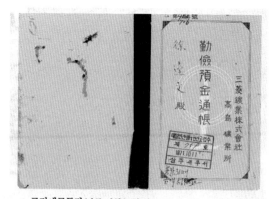

▲ **근검예금통장**(아들 서철호 기증)
미쓰비시(三菱)(주) 다카시마(高島)광업소에서 '서달문'에게 발급한 것. 임금 강제저축용 통장으로 보인다.

정부가 2007년 펴낸 '함께하는 진상 규명'에 수록된 다카시마광업소의 임금 강제저축용 통장 사진

마탄광 명부에는 1,299명 전원의 미불금이 기재돼 있다. 최장섭 씨의 미불금은 이 명부에서 확인되지 않는다.

허광무 연구자가 일본 공문서관에 보관된 공탁금 일람표를 검토해본 결과, 이 미불금이 공탁된 사실은 없다. 명부에 수록된 설명서는 그 이유를 이렇게 설명한다 '(임금 잔액은) 종전 후 집단적으로 귀선하거나 귀선을 서두른 탓에 임금을 개산해 지불하는 바람에 정산 결과 잔액이 발생하였다', '(퇴직위로금은) 오른쪽과 마찬가지 이유로 산출 시기를 맞출 수 없어서 거치하게 되었다', '(채권은) 은행에 위탁보관 중이었기 때문에 귀선 시 교부할 수 없었다', '(가족수당은) 보급금과 함께 조선 각 군청 앞으로 송금 중인데, 7월분 이후 송금이 불가능해 광업소에 보관중'이라고 말이다. 결과적으로 미불금은 현재까지 회사가 갖고 있다.

다카시마탄광은 미불금과 함께 예치금도 발견된다. 예치금 중 가장 큰 비중은 저금이다. 노무자들은 월급에서 애국저축, 보국저축 등의 명

목으로 일정 부분을 강제로 저축해야 했다. 저축은 노무자의 탈출을 방지하고 전비를 비축하기 위한 방책이었다.

최장섭 씨가 받는 의료비 80만 원

강제동원 피해 위로금 신청은 2015년 연말로 폐지된 국무총리 산하 '대일항쟁기 강제동원피해조사 및 국외강제동원 희생자 등 지원위원회'(이하 위원회)에서 2008년부터 2014년 6월까지 접수받아(접수 종료), 2015년 12월 31일까지 조사, 심의 판정을 했다.

위원회는 1938년 4월 1일에서부터 8월 15일 사이 일제에 의해 군인, 군무원, 노동자 등으로 '국외로' 강제동원되어 그 기간 중 또는 국내로 돌아오는 과정에서 사망하거나 행방불명된 사람을 피해자라고 본다.

취재 결과, 하시마탄광으로 강제동원된 피해자로 밝혀진 위원회 신고 건은 총 134건이며, 이 중 43명의 생존자가 본인의 피해 내용을 직접 신고했다. 최장섭 씨를 포함한 신고 당시 생존자는 의료비 명목으로 1년에 한 번 80만 원을 정부로부터 받았다. 정부는 사망자 및 행방불명자에게 2,000만 원, 부상자에겐 300만~2,000만 원을 지급했다. 일본 기업에서 급료를 받지 못한 경우 미수금 1엔을 2,000원으로 환산해 지급했다.

군함도에 조선인 노동자는 언제부터 나타났을까. 정부 보고서에 따르면 '1935년 3월 26일, 하시마탄광의 갱내 가스 폭발로 20명 이상의 갱부가 사망한 큰 사고가 일어났다. 출신지가 공개된 사망자 17명 중 조선인 갱부는 절반 이상인 9명이다'라는 기록이 있다. 1935년 6월에는 친목과 일본어 학습을 목적으로 하시마의 조선인 갱부 350명이 친목회를 만들었다는 기록도 있다. 이는 미쓰비시가 회사 자체에서 조선에 노동자 모집인을 두고 탄광노동자 모집을 계속 진행한 결과다.

노동자 모집방식은 1937년 중일전쟁을 계기로 변했다. 일본은 이를 기점으로 총동원체제를 가동했다. 전쟁 수행을 위해 모든 인적·물적 자원을 동원해야 했다. 전쟁을 위한 병력 조달도 중요했지만 군수품과 연료, 지하자원을 생산하는 인력이 필요했다. 일본 정부는 1938년 4월 국가총동원법을 공포해 인력과 물자를 동원할 수 있는 법적 근거를 마련했다. 일본 정부는 1939년 국가총동원법을 근거로 결정한 중점적 5대 산업을 대상으로 8만 5,000명의 이입 조선인 노동자를 할당했다.

군함도 사망자가 잠든 공간

모기약과 목장갑, 향. 기무라 히데토 선생님과 시바타 도시아키 선생님이 이 준비물을 들고 산길을 헤쳐 나갔다. 2017년 5월 19일 조선인 갱부의 유골이 묻힌 것으로 알려진 공양탑으로 향했다. 공동묘지에서 한창 떨어져 10여 분 동안 우거진 풀숲을 헤치자 공양탑이 나타났다. MBC「무한도전」에서 이곳을 다녀간 뒤로 풀숲길 중간에 '출입금지' 표지판과 바리게이트가 쳐졌다고 한다. 160cm 넘는 어른이 겨우 넘어갈 수 있는 높이의 나무 바리게이트다. 향을 피우고 저마다 방식으로 망자를 기억했다. 머리 위아래로 모기떼가 안개처럼 퍼졌다.

하시마에서 발견된 화장 기록에 나온 122명의 조선인 사망자 중 위원회 피해조사를 통해 '동원 중 사망자'로 결정된 피해자는 27명이다. 27명의 사망자 중 15명은 유해가 봉환됐지만 나머지는 그러지 못했다. 일본에 연고가 있거나 가족이 일본을 방문할 만한 형편이 되는 이들은 직접 일본을 방문해 유골을 고향으로 봉환했다. 망자의 생전 동료가 유골을 전해주기도 했다. 하지만 일본으로 갈 수 없는 사람들은 유골을 찾기 어려웠다. 그 유해는 어디로 갔을까.

하시마에서 8km 떨어진 난고시묘에서 조선인으로 추정되는 시체 4구가 발굴돼
토지 주인이 추모비를 세웠다.

하시마에서 8km 떨어진 난고시묘에서 조선인으로 추정되는 시체 4구가 발굴돼 토지주인이 추모비를 세웠다. 하시마 사망자들은 하시마 바로 옆에 있는 작은 섬 나카노시마에서 화장됐다. 무연고 유골은 하시마 사찰인 센부쿠지에 안치됐다. 1974년 하시마탄광이 폐광하면서 이곳의 유골을 모두 다카시마로 가져왔다. 이 과정은 나가사키 지역방송사인 NBC가 「군함도가 가라앉는 날」이라는 프로그램에 담았다. 이 방송에는 하시마에서 다카시마로 옮겨온 유골을 안치하며 유골함에 붙어 있던 위패를 불태우는 장면이 나오는데, 이때 조선인의 이름이 보인다.

나가사키재일조선인의인권을지키는모임에 따르면 이 유골은 다카시마의 센닌즈카 지하납골시설에 안치됐다. 그러나 다카시마탄광이 폐광하면서 1988년 미쓰비시광업은 납골시설을 파괴하고 납골당에 있던 100여 개

의 유골단지의 유골을 재분
류해 인근 사찰인 긴쇼지로
옮겼다.

긴쇼지는 공양탑과 가까
웠다. 긴쇼지를 찾아가보
니 무언고 유골단지가 많
았다. 2012년 펴낸 우리 정
부 보고서는 "긴쇼지에 보
관된 106개의 작은 유골함
에는 10여 개에 일본인 이
름이 적혀 있고 나머지에는
아무것도 적혀 있지 않다"
고 설명했다. 기무라 씨의
증언에 따르면 그 유골함들
은 외부인이 확인할 수 있
는 곳에 놓여 있었으나 이

다카시마의 한 공양탑에는 조선인 갱부 유골이
묻힌 것으로 알려졌다.

제는 서랍장 안으로 들어갔다고 한다. 나는 서랍장 안에서 무연고자 유
골함 10여 개만 확인할 수 있었다.

『군함도에 귀를 기울이면』(선인, 2017)에 따르면 1991년 10월 이복열
전북산업대학교 교수님이 일본을 방문했다. 이 교수님은 오카 마사하
루 목사님, 다카자네 야스노리 대표님과 함께 하시마로 끌려간 삼촌 이
완옥 씨의 유골 소재를 조사했지만 찾지 못했다. 귀국 후 이 교수는 나
가사키재일조선인의인권을지키는모임이 발굴한 사망자 명부를 바탕으
로 피해자들을 찾아 유족 70여 명을 확인했고, 그중 50여 명이 함께하

는 '하시마 한국인 희생자 유족회'를 결성했다. 이 유족회는 미쓰비시석탄광업의 후신은 미쓰비시 머티리얼 주식회사에 유골 반환을 요구했다. 회사는 1992년 7월 25일과 12월 31일 "하시마에서 사망한 조선인의 유골 122명분은 일체 불명"이라는 답변을 보내왔다. 가족과 시민단체의 요청에도 회사가 응하지 않자 오카 목사님은 1993년 5월 25일 840명분, 12월 7일 1,400명분의 유골 반환 찬성 서명지를 미쓰비시 머티리얼 본사에 제출했다. 그해 12월 28일 미쓰비시는 "유골 소재는 불명확하다. 천인총의 지하 발굴을 거부한다"고 답했다.

국내에서 미쓰비시 머티리얼 대상으로 진행하는 소송

2017년 5월 30일 서울 여의도 국회도서관 소회의실에서 열린 국제회의를 참관했다. 회의 제목은 '일제 강제동원 문제의 종합적 해결을 모색하는 국제회의 : 5·24 대법원 판결로부터 5년, 더 이상 기다릴 수 없다!'였다. 일본 군수업체 후지코시에 동원된 근로정신대 피해자들이 피해 사실을 증언한 데 이어 국내 법원들의 판결을 촉구했다.

회의 도중 김미경, 장완익, 이상갑 변호사가 대한민국 내 강제동원 손해배상 소송에 대해 설명했다. 회의 자료집에 따르면 2017년 5월 15일 현재, 국내 손해배상은 총 16건이다. 2017년 5월 15일 현재 미쓰비시중공업을 피고로 한 소송은 7건에 달한다. 자세히 살펴보면 이렇다.

피고기업 미쓰비시중공업(히로시마징용) 사건번호 대법원 2013다 67587(민사 2부) 원고 망 박창환의 소송수계인 박재훈 외 22명, 피고기업 미쓰비시중공업(히로시마징용) 사건번호 서울고등법원2016나 2064327 원고 홍순의 외 망 13명의 소송수계인 58명 각 1억 원, 피고기업 미쓰비시중공업(히로시마징용) 사건번호 서울중앙지법2015가합

538224 원고 김형팔 외 4명, 피고기업 미쓰비시중공업(근로정신대) 사건번호 대법원2015다45420(민사3부) 원고 등 양금덕 외 4명, 피고기업 미쓰비시중공업(근로정신대) 사건번호 광주지방법원2014가합 1463 원고 양영수 외 3명 각 1억 5천만 원, 피고기업 미쓰비시중공업(근로정신대) 사건번호 광주지법2015가단 513249 원고 김영옥 외 1명 각 1억 5천360만 원, 피고기업 미쓰비시중공업 스미토모중기계공업 쇼와전공 사건번호 서울중앙지법 2013가합 89049 원고 이기동 외 251명이다.

2017년 8월 11일, 광주지방법원 제11민사부는 김재림 할머니 등 4명이 미쓰비시중공업을 상대로 제기한 손해배상 청구소송에서 원고 일부 승소판결을 내렸다. 재판부는 김 할머니에게 1억 2,000만 원, 양영수·심선애 할머니에게 각각 1억 원, 유족인 오철석 씨에게는 1억 5,000만 원을 지급하라고 했다.

이 재판에 참여한 이상갑 변호사를 판결 전 2017년 6월 9일에 만났다. 미쓰비시중공업의 해결 의지에 의문을 제기했다. 그는 "'소장 번역본의 순서가 한글본 순서와 일치하지 않는 페이지가 있다', '재판변론기일 통지서 중 일부(주차장이 협소하니 대중교통을 이용해달라는 안내문구)가 번역되어 있지 않다'는 이유로 소장 수령을 거절해 5~6개월에 걸쳐 해외송달 절차가 진행되게 해 소송을 지연한 것은 피해자들에게 최소한의 예의도 지키지 않은 것"이라고 비판했다.

2017년 9월 14일 서울중앙지방법원 동관 법정을 찾았다. 강제징용 피해자 1,004명이 2015년 4월 21일 미쓰비시중공업 등 일본 전범기업 72곳을 상대로 제기한 소송을 지켜보기 위해서다. 이날 재판은 원고(강제동원 피해자) 변호사가 연기신청을 했지만 담당 판사가 불허해 진행됐다. 재판을 이끄는 장덕환 대일항쟁기강제동원피해자연합회 사무총장도 보였다. 이날 재판에서는 원고와 피고 측 변호사의 설전을 볼 수 없었다. 재판부는 본격적인 재판에 들어가기에 앞서 원고 측에 원고들의 기본 인적사항이 담긴 자료라도 속히 제출할 것을 촉구했다.

2018년 6월 일본 나가사키에서 이 재판의 원고를 지원하는 호주 교수를 만났다. 2018년 8월 현재 그는 원고 변호인단의 도덕성 등을 비판하며 더는 이 재판에 관여하지 않고 있다.

다카시마 조선인 공양탑 부근은
수풀로 우거져 있다.

다카시마 긴쇼지에는 무연고 유골단지가
보관되어 있다.

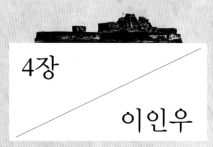

4장

이인우

거기 한번 들어가면 죽기 아니면 살기지, 오죽이야

정부가 찾지 못하는 군함도 생존자 구술집 『지독한 이별』

나는 빈부 차이가 큰 동네에서 자랐다. 매년 한 학년에 20~30여 명이 없어지는 중학교에 다녔다. 부잣집 친구들은 유학을 쉬이 갔다. 위장 전입을 했는지 안 했는지 모르겠지만, 어떤 친구들은 저 멀리서 승합차를 타고 학교에 왔다. 뚱보인 나는 의자에 앉아 내리 교과서를 읽으면서 '세상에 처지가 다른 사람이 참 많구나' 생각했다.

철이 좀 더 들고 나서는 비싼 학원에 다니면 안 된다고 생각했다. 부모가 돈이 많은 친구들은 손 선생(메가스터디를 만든 손주은 선생님이 당시 우리 동네에 방학 특강을 왔다)에게 사회탐구를 배웠지만, 나는 비교적 저렴한 노량진 재수학원을 오가며 수학을 배웠다. 풍족하지 않은 친구들과 조금이라도 공정하게 경쟁하고 싶었다. 부모의 교육 수준, 문화 수준, 가정 환경이 학생의 교육 성취를 결정하는 중요한 변수란 걸 그때는 몰랐다.

대학생이 된 뒤부터는 자연스럽게 마이너리티에 관심이 생겼다. 진심으로 인권운동가가 되고 싶었기에 내 둥지를 찾으려고 열심히 돌아다녔다. 폴란드 아동지원시설, 네팔 오지 학교, 북한인권시민연합, 시각장애인 학습지원동아리 참우리, 인권운동사랑방 갇힌자의벗, 소록도 병원을 기웃댔다. 하지만 걸으면 걸을수록 인권운동가가 될 자질이 부족하다고 느꼈다. 기자는 차선책이었다. 2007년 동아일보 입사지원서에 이런 말을 썼다.

'어느 날 저는 이런 제 모습이 기자에게 어울린다는 것을 깨달았습니다. 힘겨운 세상과 만날 때마다 통증을 느꼈던 것은 기자적 가슴 때문이고, 바람기가 많아 이곳저곳 돌아다닌 건 기자적 혈기란 걸 느꼈던 것입니다. (중략) 바람기는 타고난다고 합니다. 불타는 가슴을 지닌 저는 다양한 세상과 열정적으로 사랑하며 변화의 바람을 일으키는 기자가 되겠습니다.'

이 글을 지금 다시 보니 굉장히 쑥스럽다. 10년간 일하면서 그 변화의 바람을 일으키지 못해 몹시 부끄럽다. 다만 마이너리티의 목소리를 전하려고 바쁘게 돌아다닌 사실만큼은 자부한다. 프로는 과정이 아니라 결과로 말해야 하는데, 나는 여전히 과정만 강조하는 아마추어다. 이렇듯 자책감, 죄책감이 많은 내가 한일 과거사 문제에 눈길이 간 이유는 뭘까.

2011년 밤톨이, 2013년 밤순이를 낳아서가 아닐까 싶다. 아기를 키우면서 나는 한 인간을 키워내려면 얼마나 많은 노력을 들여야 하는지 느끼게 됐다. 그래서인지 출산한 뒤로는 길거리를 걸어 다니는 사람 하나하나가 귀하게 보였다. 길에서 길을 물으면 아주머니들이 왜 그렇게 자세히 이것저것 설명해주는지 알 것 같았다. 사람은 모두 어머니의 자식이지 않은가.

2012년 6월 28일 서울지하철 4호선 끝자락 오이도역(경기 시흥시) 부근 아파트에서 뵌 황계순(당시 89세) 할머니. 충남 홍성군에 살던 할머니는 임병갑(1920년생) 씨와 결혼했지만 남편이 1942년 사할린으로 간 뒤 시어머니와 시동생, 큰동서가 재가하며 두고 간 조카 3남매와 딸을 거두었다고 한다. 출가한 딸과 살면서 손자들을 키우다 67세부터 17년 동안 막냇동생의 병원에서 도우미 노릇을 했고, 3년 전에야 이 자리로 돌아왔다.

"남자 없이 농사짓고 사느라 죽을 뻔했어. 살라믄 안 해본 거 뭐 있간. 시댁이 원래 땅이 많았는디…. 힘들 때도 있었지. 둘째는 태어난 지 열흘 만에 갔어(죽었어). 종배 아버지가 종배 세 살 때 사할린에 갔는데, 가는 날부터 태기가 있었어. 그런데 낳으니까 그냥 가더라고. 그것도 내 손으로 갖다 버렸어. 재가는 안 했어. 사람 생사를 모르는데 움직이질 못하지. 안 그려? 종배 아부지 뼈를 찾으믄 좋겠어. 한국사람이니께 한국으로 와야 하지 않겠어?"

할머니의 이야기를 듣고 나는 사할린에 있는 강제동원 피해자들의 묘비를 찾아보며 2012년 7월 16일 『주간동아』 일제 징용피해자 유골 찾기 '현지 취재-70년 한 맺힌 사할린 망향가'를 썼다. 강제동원 피해자들은 그동안 만난 마이너리티들과 차원이 달랐다. 전쟁 같은 불가항력적인 폭력에 개인은 무참히 당했다. 대부분 사망했고, 피해 사실이 기록되지 않았다.

국가가 버린 사람들. 러시아 사할린에는 일제강점기에 강제징용돼 결혼하지 않고 홀로 살면서 고향에 돌아갈 날만 손꼽아 기다리다 죽은 홀아비가 숱하다. 황 할머니의 남편 임병갑 씨도 그중 한 사람이다. 광복 당시 남사할린 거주 조선인은 4만 3000여 명으로 그중 70%가 남자로 추정된다. 제2차 세계대전 막바지에 노무자들이 무차별적으로 동원됐다는 점을 감안하면 그 비율은 더 높을 것이다. 하지만 조국은 이들의 존재를 잃었다.

안타까운 것은 조국에 남은 가족이 가장 없이 살아온 탓에 경제적으로 여유롭지 않아 가장 찾는 일을 온전히 국가에 의탁할 수밖에 없다는 점이다. 실제로 먹고살기 바빴던 황 할머니가 남편을 찾으려고 들인 노력은 손녀딸이 한국에 영주 귀국한 러시아 동포를 찾아가 수소문해본 것이 전부다. 정부가 전혀 노력을 기울이지 않은 것은 아니다. 국무총리 소속 대일항쟁기 강제동원피해조사 및 국외강제동원 희생자 등 지원위원회가 2011년 러시아연방 사할린 주 유즈노사할린스크 제1공동묘지에 대해 전수조사하면서 일제 강제동원 피해자 유골 찾기 사업을 시작했다. 그러나 올해 말로 위원회 활동이 종료되기 때문에 사실상 유골 찾기 사업은 끝나는 셈이다. 결국 속 타는 건 유족이지만 힘없는 유족이 할 수 있는 일은 많지 않다.

(중략)

7월 2일 기자는 황 할머니가 남편을 찾으려고 그토록 가고 싶어 했던 사할린을 단 3시간 만에 찾아갔다. 넓이 8만 7,100㎢로 남한보다 조금 작은 러시아연방 사할린주는 일본 홋카이도 바로 위에 자리한다. 주도 유즈노사할린스크에 들어서자 허름한 잿빛 건물이 드물게 나타났다. 사할린 전체 인구 67만여 명 가운데 80%가 러시아인이고 한국인은 5.4%를 차지한다는 통계를 뒷받침하듯 한국인으로 짐작되는 이들이 눈에 띄었다.

기자는 홀아비의 행적을 찾으려고 가장 먼저 유즈노사할린스크 제1공동묘지를 찾았다. 후손이 없는 이들의 묘는 한인 묘 가운데 '가장 버림받은 묘'이자 '대한민국 정부가 나서지 않으면 누구도 돌보지 않을 묘'이기 때문이다. 사할린 묘는 묘 둘레를 철책으로 둘러친 것이 다를 뿐 영화에서 본 서양인 묘지와 비슷했다.

꽃가루처럼 날리는 모기떼와 씨름해야 했지만 한인 묘를 찾는 건 어렵지 않았다. 러시아인이 묘를 평평하게 하고 묘 뒤에 묘비를 세우는 것과 달리, 한국인은 봉분을 세우고 묘 앞에 묘비를 세우는 까

닭이다. 하지만 봉분도, 철책도, 묘비도 없는 묘를 보자 한국에서 만난 배덕호 지구촌동포연대(KIN) 대표가 "묘 터만 남은 묘가 홀아비의 묘일 개연성이 크다"고 한 말이 떠올랐다. -『주간동아』 2012년 7월 16일 '현지 취재-70년 한 맺힌 사할린 망향가'

위에 옮겨적은 2012년 사할린 기사를 준비하면서 나는 강제동원위원회로부터 사할린 강제동원 피해자 구술기록집 『지독한 이별』(일제강점하 강제동원피해진상규명위원회, 2007)을 받았다. 한동안 이 책은 잊고 살았다.

그러고는 군함도를 취재하려고 2017년 3월 행정자치부(현 행정안전부) 과거사관련업무지원단에 연락했다. 먼저 조사관에게 전화했고, 이후 과거사관련업무지원단에서 과장을 만나 부탁했다. "정부가 군함도 피해자에 대해 축적한 자료를 갖고 싶다"고 했다. 구술기록이든, 영상기록이든 받아 재가공하면 되겠다 싶었다.

2017년 4월 말 나는 군함도 피해자 15명의 간단한 피해 조사 기록만 받았다. 담당자는 "우리는 이것 외에 하시마 피해자 구술을 찾을 수 없다"고 했다. 수긍할 수 없어 정부 보고서를 찾아봤다. 참고문헌에 낯익은 책 제목이 보였다. 바로 이 책이었다. 책에는 사할린으로 갔다가 군함도로 간(이중 배치된) 문갑진(2007년 책 발간 당시 90세), 황의학(2007년 책 발간 당시 87세) 씨의 구술이 있었다.

문갑진 씨는 1918년 경상북도 달성군에서 태어나 1941년 대구에서 모집에 응해 가라후토 에스토루 나요시군 소재 기타코자와 탄광에서 채탄부로 일했다. 1944년 8월 현지에서 '전환 배치'되어 일본 규슈 나가사키현 소재 미쓰비시광업주식회사 하시마탄광에서 채탄부로 일하다 해방 후 귀국했다. 문갑진 씨의 구술 내용은 다음과 같다.

거기서 죽었다
싶으지요

『지독한 이별』에 실린 문갑진 씨의 구술기록.

　－화태(현 러시아 사할린주)에서 나가사키로 가게 되셨을 때 얘기 좀 해주세요.

　(중략) 고 다음해 내 징용당하는 그거는…. 인제 일본 사람들이 거 탄을 캐서 이기 뭐 전쟁에 써먹을 긴데, 거리가 워낙 멀다 말입니다. 벌써 전쟁이 짙어져 가는데…. 그거를 갖다가 요긴하게 써먹어야 하는데 그기 마 어려버노으니께네(어려워 놓으니까), 수송문제가 있고 하니까네…. 징용을 딱 조선사람만 징용을 간 게 아닙니다. 일본사람도 우리를 같이 걸어. 다른 데는 모르겠는데, 기타코자와는…. 일본사람들 같이 탄 캐는 사람 있었거든요. 일본사람은 남자를 징용을 딱 걸어가지고, 일본사람은 일본 뭐 섬 아니고 육지에…. 이래 이래 배치하고, 우리는 그때 인제 말 알지 이래놓으니까, 육지

에 해놓으면 전쟁 통에 달아나니까 섬에다 딱 갖다가 하시마…. 나가사키. 그런데 우리 같이 있던 그 기타코자와에 있던 그 사람들 가운데 두 패로 갈렸어요. 바깥 저, 다카시마, 하시마….

-다카시마? 하시마요?

하시마. 예, 나는 하시마 갔고, 각중에(나중에) 눈이 이두워 가지고…. (지도를 보면서) 요 딱 다 있습니다. 여기 또 나옵니다.

-그때가 해방되기 전해였어요?

그러니까 25세에 내 갔거든. 짐은 저 저, 화태에서 짐을 아깝다고 이불하고 다…. 소화물로 부쳤거든요. 해방 돼가지고 그 하나 또, 일본 몽땅 내뻐렸어요. (중략)

-할아버지! 저희가 거기 출장 가서 찍어놓은 사진이 있어요. 나중에 보내드릴게요.

아. 예예, 내 거기 살았습니다. 거게, 에레베이타(엘리베이터)로. 이 섬이 여 아주 쪼만한 섬이에요. 아파튼가 거기 가서 봤습니다. 사람 많이 사는 거로…. 에레베이타로 내려가 가지고 바다 밑으로 다 들어가데요. 바다 밑을 다 뚫었어요. 거기 확실히 징용을 당했습니다. 어예됐거나. 내가 신고한 요인이, 내가 거서 확실하게 징용을 당했습니다. 어찌됐거나 일본사람이 나를 살렸지요. 결과적으로. 그라면은(그렇지 않았다면) 사할린 동포로 그대로 있을 긴데, 이래 징용당해 이렇게 살아왔고. 이 사람도(할머니도) 사실로 봐서 결과적으로 봐서 난 잘됐지요. 안 그랬으면 난 사할린 동포입니다. 우리 꼴따시(꼼짝없이). (중략)

-하시마에 가보니까 기타코자와보다 조건이 더 좋던가요?

더 나쁘지요. 거기서 죽었다 싶었지요. 거기 가니까 모래 같은 거, 분탄이라고요. 분탄이라는 건 가루 분자. 덩어리 탄이 아니에요. 여러 수십 미터 가가지고 먼지도 더 나지요. 화태보다….

-아주 깊이 들어갔어요?

아주 말도 못 하지요. 바다 밑에 수십 미터. 분탄이 그렇게 있는데 가루탄이 그렇게 백혔대요. 덩어리탄이 하나도 없고. 화태서는 덩어리 탄이 되어 있거든요. 전기 인자, 발전소. 다카시마 카는데, 고도 카는 데, 거기서 전기발전해 가지고. 전기가 하시마 와가지고, 그 전기로 가지고 에레베이타도 내려가고, 뭐 분탄 그 탄 캐는데. 그 탄광 그 저, 거기 기름 없잖습니까? 조만한 댕기는 가솔린 기차 카는 거…. (중략)

-파도도 막 치고 그러지요?

(중략) 우리는 요새 사람들은 얘기해도 모를 기다. 저 콩깻묵, 만주서 가져와 가지고…. 그것도, 고게 거짓말 하나도 안 보태고. 하루 세끼 요래 냄비에 주는데. 이거는 막 쌀 열 나가리 안 섞였습니다. 쌀 열 나가리. 쌀 있을 때도 있고 없을 때도 있고, 순 콩깻묵. 하루는 배가 고파가지고, 죽 쑤어 가지고 있어요. 순 콩깻묵 그거는 그거를 퍼 먹습디다.

　　　　　　　　-『지독한 이별』 문갑진 구술 348~393쪽에서 발췌

책에 실린 다른 하시마 피해자인 황의학 씨는 전라북도 남원군에서 출생했다. 1942년 사할린 에스토루군 소재 미나미 가라후토 탄광철도(주)

미쓰비시토로탄광에 동원됐다. 그리고 1944년 8월 일본 나가사키현 소재 미쓰비시광업(주) 하시마탄광에 전환배치됐다. 다음은 황의학 씨 구술이다.

–할아버지는 화태도 다녀오시고 일본도 다녀오셨네요?
사할린서, 사할린서 징용이 걸려가지고, 구주 하시마로 갔어. 하시마라는 데가 있어. 나가사키 원자폭탄 떨어진디. 거기 알걸? 원자폭탄 떨어져가지고, 가들이 원자폭탄, 그 나가사키 장기현. 한국말로는. (중략)

–하시마 탄광에서 일하던 얘기도 좀 해주세요. 거기서도 탄 파신 거예요?
아, 그럼 탄 팠지. 아, 그러면은 탄밖에 팔 것이 없어. 섬이여. 섬. 나가사키, 장기현 나가사키. 그리고 인쟈 폭탄 떨어진 곳은 한 100리(약 40km) 정도 돼. 100리, 100리. 그 탄, 100리까지 나가거든. 그냥 불이 났는디, 우리 쪽으론 안 터지고 저그 위로 터져가지고, 타버렸어. 전봇대를 그때 인쟈. 우리 나오니깐, 인쟈 그놈들이 고치는디. 전기를 일곱 댄가 여덟 댄가 하는디, 불이 일고 올라가버렸당게. (중략)

–화태 도로에 있는 탄광은 이름이 뭐예요?
거시기, 미쓰보시(미쓰비시 계열의 토로탄광, 미쓰비시), 미쓰보시.

–하시마도 같은 회사인가요?
그것보 미쓰보시. 매나도 같은 회사지. 미쓰부시 일본놈. 그 미

『지독한 이별』에 실린 황의학 씨의 구술기록.

쓰부시가 제일 부자거든. 우리 뭐, 우리나라 뭐시지? 뭣이었던가? 삼성 뭐시기 회사가 문제여. 아, 암튼 부자여. 가들 아니면 정부가 일들 못 해. 근데 가들 시방 우리 한국도 그러잖어. *(중략)*

–하시마에서도 3교대로 일하셨어요?

응. 거기서 3*(교대)*. *(중략)*

–도로에서 하시마로 갈 때 다른 탄광으로 간 사람도 있었어요?

아, 그것은 우리 이렇게 마누라 데리고 살림한 사람. 그 사람은 전부 데리고 마누라 거기서 두고, 우리들만 하시마 데리고 가고. 그리고 저짝에, 함바에 홀애비 우리 있는 사람은 섬 이름을 그거 모르겠고만. 그 나가사키, 구마모토, 우리는 남쪽으로 길 가지 않네?

저, 서쪽 우리 있는 데서 반대 방향으로 서쪽으로 가서 섬이 있는
디. 홀애비들은 전부 그 섬으로 데리고 가. 다까시만가? 다카시마
인가?*(중략)*

－하시마탄광에서 쉬는 날은 나가사키 시내에 나가고 그러셨나요?
아니. 못 나가요. 아, 일제(일체) 거기 한 번 들어가면은 죽기 아
니면 살기지. 오죽이야? 우리가 가서 있는디. *(중략)* 절대 그 속에
한번 들어 가면은 육지를 데리고 가들 안 해. 어떤 놈이고 뭐 전부
다 일본놈들 도둑놈. 응? 죄진 놈만 귀양살이한게. 귀양. 귀양살
이 한 데가 뭐인지 알아? 시방, 뭐이지 왜? 여그 말로? 거시길 때
삼청교육대 맨치로(처럼), 징역 살고 다시 나가딜 못 허게. 이걸 그
렇게 했더라고. 그런디야 거기가. 아주 우리 산 데가 아주, 아주 제
일 못 쓴 데여. 아주 못 쓴 데. *(중략)*

－거기가 바다 밑으로 들어가는 탄광이었나 봐요?
내가 저 시방 열대 거시기라고 안 해? 땅속에 불이 이렇게 댕기잖
아. 다른 데는 탄광에 들어가면 시원한데, 거그는 한참 또 더워. 깨
를(옷을) 활딱 벗고 빤스만 입고, 이거 불 여겨 찬 거(칸델라를 차고).
찬 거 여걸 하고 와서 일을 허지. 이걸(옷을) 걸쳐 입고 못 해. 더워
서. 근디 그래도. 그럼 인쟈 화산이 터지면 거기 있는 사람 다 죽
지. 그래도 또 불은 안 나. 그렇게 땅속에 물이 댕기고 땅속에 불이
댕기고 그려. 근디 우리 헌 데가 그렇게 불이 댕겨도 불은 안 나.
긍게 그 탄광이 그 화산 맥인디. 근데 불은 안 났어. 그때는. 그런
데 중국놈이 제일 위험한 걸 맡으니깐 제일 고약해요. 일헌 데가.
－『지독한 이별』 황의학 구술 394~424쪽에서 발췌

이 글을 읽으면서 내가 다녀온 사할린을 떠올렸다. 사할린 탄광촌에서 2012년에 만난 배용권(당시 92세) 씨도 생각났다. 흙일로 굳은 손과 이 없는 잇몸에서 지난한 세월이 묻어났다. 배용권 씨는 1944년 사할린으로 와 10년간 고향에 두고 온 아내를 그리워하다 1953년 '쏘련 장개'(러시아 여성과 결혼)를 갔다고 했다.

"고향은 대구 공산면. 징용 안 갈려고 피해 댕겼는데, 경찰서에서 조사받은 아버지가 '이 일을 우에 되겠노, 니가 한 2년 가면 안 좋겠나' 해서 행님 대신에 왔소. 원래 내 이름은 배태권이오. 행님은 얼라가 있다 보니까 몬 갔고. 내는 장개를 갔지만 얼라가 없었거든. 짐 싣는 열차를 타고 180명이 왔고 우리 면에서는 9명이 왔는데, 지금은 나만 남았소. 열흘도 더 걸려서 오니까네 조선인 1,000명이 있었지. 오다 가다 발이 퉁퉁 붓데요. 얼마나 추븐지 말도 마요. 내는 탄광에서 석탄 캤지. 천장에 말뚝을 박아 무너지지 않게 해야 하는데 바쁘니까 그냥 마구잡이로 쳐들어갔어. 그렇게 하니까네 (천장이 무너져) 두둑두둑 돌이 흘러 사람이 마이 죽었소. 3명이 하나가 되어 움직였지. 일본사람들은 48년까지 있었어."

조선총독부 재무국 자료에 따르면 1939~1943년 사할린에 1만 6,113명을 동원했다. 업종별로 탄광업에 가장 많은 65%를 배치했고, 나머지는 토목건축(34%), 금속광산(1%)에 배치했다고 한다. 현지 동원과 누락분을 감안하면 실제로는 더 많은 사람이 동원됐을 것으로 보인다. 얼마나 많은 사람이 사할린에서 이렇게 살아간 걸까. 사할린에서 살다 다른 곳으로 이중배치된 사람들은 누구일까.

하시마는 지옥이지. 사할린이랑 비교하면

이인우 씨 인터뷰

2017년 4월 24일 정부로부터 취재가 가능한 군함도 피해자 최장섭 씨와 이인우(실제 출생년도 1924년, 호적에 등록된 출생년도 1925년) 씨의 연락처를 받았다. 나는 최장섭 씨를 먼저 만나 뵙고 이인우 씨에게 연락했다. 그의 정보는 이랬다.

'이인우 1925년생 대구광역시 동구 연락처 010-****-****, 아들 이○○ 연락처, 건강상태 양호, 1943년 2월경~해방 후 귀환, 러시아 사할린 소재 가와카미탄광, 일본 나가사키현 소재 미쓰비시탄광㈜ 하시마탄광(전환 배치), 관동군 7232부대(징병)'

조선인 노동자들은 1944년 8월 사할린에서 다카시마광업소로 전환 배치됐다. 석탄통제회 자료에 따르면 미쓰비시광업(주) 다카시마광업소로 전환 배치된 조선인은 430여 명이다. 사할린에서 미쓰비시 다카시마탄광으로 전환 배치된 정복수 씨는 다카시마광업소로 간 조선인들이 "다카시마와 하시마로 나누어 배치되었다"고 말했다.

2017년 6월 3일, 집에서 버스를 타고 4시간여를 달려 대구북부시외버스터미널에 도착했다. 그곳에서 다시 버스를 타고 이인우 씨가 사시는 마을로 향했다. 소박하고 아담한 빌라가 가지런히 줄지어 있었다. 이인우 씨의 집은 정갈했다. "지난해 어머니가 돌아가셔서 아버지와 함께 산다"는 아들은 아버지의 입가에 침이 고이면 수건으로 닦아드렸다. 아

사할린에서 일하다 군함도로 이중 배치됐던 이인우 씨.

버지가 말씀하시다 목이 메면 바로 주스를 건넸다.

인터뷰는 사할린과 군함도 이야기로 시작했다. 이인우 씨도 수치를 잘 기억하지 못했고, 청력이 좋지 않았다. 최장섭 씨의 인터뷰가 그랬듯 이인우 씨 인터뷰에서도 아들의 역할이 컸다. 아들이 기자의 질문을 크게 말해주면서 어르신의 생각을 이끌어냈다. 인터뷰는 3시간 동안 진행됐다.

"아부지! 그 옛날에 섬에 아파트가 있다고 해서 믿지 않았는데 진짜 있었네! 와 그(강제징용) 이야기를 이제 처음 하시네."(아들)

"이봐요. 젊은 사람들이 뭘 알겠어요. 죽으면 그기로 끝나는 거지. 얘기했다고 해서 이익이 될 게 없잖아요. 자식들한테."(아버지)

이인우 씨는 1944년 사할린과 하시마에 강제징용됐다. 1945년 7월 징집돼 관동군 소속으로 폭탄 훈련을 했다. 1945년 8월 27일 고국으로 돌아왔고 1950년 6 · 25 전쟁에 참전했다. 경주 안강 전투와 포항 형산강 전투에 참전한 공으로 충무무공훈장을 받았다. 전쟁에서 다리에 총상을 입은 장애 7급 상이군인은 소방대원으로 살았다.

−안녕하세요 선생님. 인터뷰 해본 적 있으세요?

한 번도 안 했어. 전에 피해자 신청은 했는데. 그 뒤에 공무원 한 사람이 와가지고 전화가 와가지고 좀 나올 수 없느냐고 이야기해서 나간 적은 있지. 신청할 때 잘못 말한 게 있어. 공무원이 하나하나 틀린 말을 알아본 모양이지. 내보다 잘 알아. 일본 가 조사해왔다 해요. 정부에서 돈이 없으니까 (나 같은 생존자한테는) 1년에 80만 원씩 주지요.

−(하시마를 촬영한 동영상을 보여드리며) 여기 기억나세요?

하시마가 담배 한 대 태우면서 걸으면 25분, 30분밖에 안 걸린다 해요. 아파트 같은 거 지어둬서 사람이 한 방에 사는데 비좁아. 내려가면 식당이고. 여기서 내려가는데 몇 미터인가 지금은 모르겠어요. 내려가지고 바다로 들어가서 석탄을 캐는 기라….

−여행증명서나 통장, 사진 기록은 안 가지고 계시죠?

없을 깁니다. 젊을 때 사진도 없어요. 왜냐하면 여기에 있다 군에 가게 되니까 없어졌지.

−사할린에서 하시마로 가셨다고 들었는데요. 얼마나 계신 건가요?

사할린하고 하시마하고 군까지 합해서 1년 6개월 정도 있었지. 하시마는 4~5개월 정도.

-혹시 『지독한 이별』 기록집에 나오는 문갑진, 황의학 어르신을 아세요?
두 분 다 사할린에 있다 하시마로 가신(전환 배치된) 분들인데요.

이런 사람들이 한두 사람이 아니고 하시마로 전부 다 왔어요. 얼굴은
다 몰라요.

-어르신은 고향이 어디신지요? 사할린 가시기 전에 뭐하셨어요?

여기가 고향이에요. 대구에서 노동학교라고 (다녔는데) (교육기관) 허
가도 안 해줬지 싶지. 국문 배웠지. 한문 안 가르쳐요. 그러다 여기는
14세 때부터 와서 농사지었어요. 면사무소에서 청년들 모아놓고 일본
가면 좋다고 말이지, 해서 갔거든요. 사할린은 18세에 갔지. 7남매 중
내가 장남이었어요. 딸이 다섯이고. 나, 남동생 그 뒤에 다 여동생.

-일본 가자고 모집한 사람이 누구예요?

면사무소 직원들이지. 일본사람은 아니고 한국사람들이지 맨. 우리
나라가 시끄러웠잖아요. 왜정시대 때 가고 싶더라고. 우리 동네에서 열
사람쯤 갔나. 취직시켜준다, 그래가지고 갔지.

-왜 가셨어요. 그냥 여기서 사시지.

아무래도 일본 돈벌이가 좋다고 해쌌고 하니까. 일본에 가면 취직시
켜준다, 사환도 할 수 있고 이 카더라고. 어린 마음에 가보고 싶기도 하
고 해서 갔는데 (간다던) 일본은 안 가고 사할린을 가더라고. 워낙 못살
아서. 농사 70평, 100평 지어가지고는 우리 식구 먹고 못살겠고 해서
도망가듯이 간기지 뭐. 끼니 해결이 잘 안 됐어요.

이인우 씨는 정부에서 일제강점기
강제동원 피해자로 결정됐다.

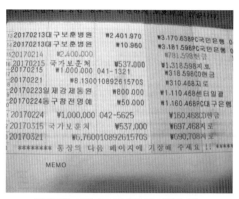
강제동원 피해자로 결정된 뒤 이인우 씨는
정부로부터 매년 1번씩 80만 원을 받고 있다.

–(가는 걸) 부모님께서 허락하셨나요?

(웃음) 안 했어요. 어머니가 말릴까 봐. 경산에 여관이 하나밖에 없었고 거기 묶고 있는데 아버지가 찾아오셨지. 아버지 친구라 하는 사람이 굉장히 큰돈을 용돈 하라면서 줬어요.

–사할린으로는 어떻게, 몇 명이 가셨어요?

(간 사람들이) 한 200명 넘지 싶어요. 사할린까지 가는 데 일주일 걸리데요. 연락선이 아니고 큰 배에 짐 싣고 다니는데 있잖아요. 거기서 고구마도 삶아주고. 감자도 삶아주고. 콩도 구워가지고 주고. 일주일 동안 그것만 먹고 살았어요. 인솔자는 일본사람이었지.

–그때는 어떤 생각이 드셨나요?

미쓰비시 회사를 간다고 했지 그 외에는 들은 거 없어요. 내가 잘못 왔구나… 끌려가는구나… 어디로 가는가 모르겠구나…. 사람들이 내리는데 사할린은 소련 땅이잖아요. 사할린에서는 몇 개월 있었는지 모르겠는데. 18세에 (사할린에) 출발해서 몇 개월 있다 하시마로 갔다 아닙니까. 도착해서 일부는 탄광에서 일하고 일부는 비행장에서 일하고.

–어디 탄광에 있었는지 기억나세요?

기억이 잘 안 나요. 오래된 일이다 보니까. 한 5개월 있었나. 오키나와 상륙 당하고 그다음에 바로 내려왔거든요. 나는 이름도 몰라.

–가와카미탄광 아닌가요?

거기 맞아요.

–무슨 일 하셨어요?

탄을 캐려면 구멍을 뚫어야 하는데. (탄을) 싣는 사람도 따로 있고 밀고 가는 사람들 따로 있고. 젊으니까 구멍 뚫을 수 있으니까 그런 일 한 거지. 다이너마이트 이런 거 터지면 사람 죽는데… 교육은 열흘 받았지 싶어. 일본사람도 있고, 조수도 있고, 구멍 뚫는 사람도 있고. 현장에서 (작업인) 뒤에 따라 다니면서 배운 거고. 일하는 걸 보고, 이래 뚫어라 하면 뚫는 거고.

–3교대로 일하셨어요?

2교대. 식사는 공동 식당이고. 원래 거기는 쌀이 안 나와요. 사할린이라는 데는 뭐가 나오느냐 하면 밀하고 콩하고 고구마, 감자. 본토에서 싣고 와서. 일본이지 본토가. 추울 적에 눈이 많이 8자(1자=30.3cm)나 와가지고. 찹쌀을 한 달 먹었지 싶다.

–어떤 음식을 드셨어요? 사할린 가셔서 배는 안 고프셨어요?

거기는 고기가 나와요. 집에 있을 적보다 잘 먹었지. 바다 고기를 많이 먹었으니까. 청어 같은 거는 한 마리씩 구워서 주는데. 밥은 많이 없어도 고기는 많이 잡아서.

   -거기서는 사람이 죽거나 다치거나 하진 않았는지요.
   다치고 죽는 건 많이 있었는데… 그것도 보통이지. 탄광이 무너져서 죽는 사람도 있고…. 겁이 왜 안 났겠어요. 그래도 하도 오래되어가지고 잊어버렸지만…. 같이 간 친구가 있었는데, 한 방에서 자고 그랬는데 그 사람이 죽어버렸지. 고향 동기도 일본사람들이 (화장을) 해줬는가 안 해줬는가 모르겠어요. 내가 가기 전에도 조선사람이 많았어요. 내가 제일 어려서 위에 사람들 시키는 대로 하고 그렇게 살았지. 그러니까 얼른 고향 가고 싶다 생각했지. 그래도 뭐 언제 와도 한국 와야 될 거 아잉교. 내가 여기서 죽을지도 모르는데.

   -생활이나 그런 건 어떠셨어요? 돈은 얼마 받으셨어요?
   한 방에 보통 여섯 사람. 세탁은 본인이 해야 하고. 밥은 밑에서 공동으로 묵고 하니까. 우리가 받는 일당에서 밥값을 제하고. 이불 씻어도 돈 줘야 되고. 돈은 그때 얼마였나. 한 달에 200원 받았나 몰라. 전부 다 제하고 나면 120원인가… 그래 남았지.

   -가족에게 안부 편지는 쓰셨어요?
   편지 했다는 생각이 안 나는데. 일본이 망할 적에 있다 보니까 한국에서는 뭐 부모가 자식이 죽었는지 살았는지도 몰랐을 긴데….

   -사할린에서 고생하신 거 생각하면 어떤 느낌이 드세요?
   그때… 우예 살았나 싶어요. 안 다친 사람은 언제라도 교대를 해줘야 하니까. 쉬는 날이 어딨어요. 우리는 2교대로 계속 일했지. 일본의 천황폐하가 무슨 생일이고 그런 게 있으면 좀 쉬고. 오마츠리(공적이면서 경사스러운 종교적 축제)라고 탄광에 모여서 춤추고 하는 게 있고. 한국사람들은 노래 부르고 그러지. 「목포의 눈물」 그 당시에 나왔거든. 「사공의 뱃노래」가 있지 싶어요.

–사할린에서는 일본 감독관이 있었나요. 기억나세요?
사할린은 한국사람들밖에 없고. 하시마는 중국사람들도 많고 그랬지.

–감독관들이 린치를 가한다거나 하는 건….
다 열심히 했으니까 일 안 하는 사람만 뚜드려 맞고. 하도 오래되어서. 나도 맞아봤어요. 등도 때리고 발로 차고. 나무 작대기로 그걸로 하야쿠(빨리) 오라고. 한국사람은 제2국민이라고 해서 대우를 해준 게 있었어요. 형제국이라고.

–월급은 어떻게 받으셨어요?
월급은 줘야지 않습니까. 월급을 안 주고 채권을 줬어요. 5년짜리 채권을. 그때 200원인가 그래 채권을 줬는데, 하시마도 거기도 섬이라가지고 육지에 물건이 잘 못 들어와가지고 콩을 묵고 살고 그랬어. 내가 돈 있는 건 하시마에 도착해서 돈을 맡기는 데가 있어요. 지금 말하면 은행이지. 하시마에 도착해서 돈을 맡겼지. 500원인지 600원인지 사할린이나 여기는 똑같애. 회사에서 돈을 안 주고. 한 달에 돈을 주는 게 아니라 얼마라 하는 종이만 주지. 돈은 담뱃값만큼만 줬지. 배고파서 콩 볶은 거 한 달에 한두 번 사 먹었어요.

–사할린에서 일본으로 보낼 때 뭐라고 하던가요?

우리는 일본 가야 한다, 오키나와가 상륙됐으니까 내일 본토로 들어가야 한다, 전쟁 도우러 가는 거다, 그렇게 이야기했지. 사할린에 있던 사람들이 다 간 건 아니에요. 어디 간다는 말도 없이, 사할린에서 하시마로 올 적에 배를 타고 내리고 기차를 타고, 또 내리고 기차 타고 그래 왔지. 하시마로 들어갈 직에는 거기서 배를 타야 들어가니까. 사할린에 5~6개월 있었던 건가. 하시마에 도착하니까 한국사람들이 많았지.

–섬의 첫인상이 어땠나요?

배 타고 보니까 이쪽 편에 있는 다카시마는 굉장히 큰데, 하시마는 쪼그매요. 저기 사람 사는 디인가 하는데 높다란 집이 있고, 산이 하나도 없잖아요. 전부 평지라. 우리 집 뒤에 바다고, 앞바다 같은 거. 한 채는 중국사람이 살고. 한 방에 여섯 사람씩. 방이 조그마한데 좀 크지. 세 사람 일하러 가면 세 사람이 그 방에서 자야 하니까.

–조선사람들이 있었나요?

우리는 2층인가 3층인가 살았어요. 지하에도 있지 싶다. 식당은 지하지 싶어. 굉장히 큰 사람이 2교대로 일하고 있으니까. 내가 갔을 적에는 3교대인지 2교대인지 나는 그것도 모르겠어. 내가 중국사람 30명을 데리고 일을 했거든요. 그러니께네 내선일체 되고 난 뒤에 우리 한국사람은 더 봐줘가지고. 나 보고 감독하라고 해서 시키는데. 일본사람도 있어요. 그 사람은 올라가고 내가 중국사람들 시켰지. 말이 안 통하니까 중국어도 배웠지. 일본사람이 최고 반장이고. 내가 일본사람 밑에 있고.

여기가 더워가지고 (중국사람) 네 사람 보내고, 해서 또 쉬어야 해요. 30명이 한 조라고 해도 4명 들어갔다 나오고. 또 4명 보냈다가 들어오고. 구루마탄 싣고 나오고 그러는 거지. 사람들에게 일을 많이 시키려고 레일을 두 개 만들었어요. 하시마가 바다를 뚫어가지고 만든 탄광이라, 들어가면 물이 굉장히 많아요. 그 물 퍼내는 기계가 또 있고.

–하시마와 사할린을 비교하면 어떤가요?
하시마는 지옥이지. 사할린이랑 비교하면. 왜 지옥이냐 하면. 엘리베이터를 타고 쭉 내려가요. 1,000m인가 내려가서 바다로 들어가 탄 캐는 건데, 이 탄 높이가 우리 키보다 커요. 양쪽에 다 돌이고. 깨면 줄줄줄 쏟아져요. 탄이 모래와 한가지라. 이 탄이 화력이 좋대요. 여기서 캐가지고 나가사키라 하는 데는 조선소가 많으니까… 거기에 인자 (탄을) 갖다 넣는기라. (1,000m 내려갈 때) 여기 사람이 4~5명 타면 딱 맞아요. 그때는 와이어 줄로 해서 엘리베이터처럼 만들어서 내려놓고 팬티만 입고 그렇게 들어가는 거지. 굉장히 빨라요. 내려갈 때는 샤악 내려가요.

–『군함도』라는 소설 보니까. 내려갈 때 토를 한다거나 구역질을 했다던데요.
내려가는 도중에 죽는 사람도 있고. 바다 뛰어들어서 자살하는 사람도 있고. 나는 중국사람들한테 일시켰지. 다른 사람들은 공기 좋은 데서 쉬다가 또 보내고. 구루마가 나오면 위에 올려다 놓고 다른 사람 들어가게 해서 일시키고….

–여기가 왜 지옥인가요? 하시마 있을 적에 도망간 사람이 있어요?
죽고 하니까 일본놈들이 시체를 끌고 와서…. 사람이 죽으면 얇은 거에 사람을 여(넣어)가지고 배를 태워서 화장터가 있어요. 장례고 제사고 그런 건 없어. 일본 경찰이 뚜드려 패고. 조선사람이 일본사람 행세를 하는 건 봤지요. (그 사람에게) 와 카노 하니까 (이렇게 신원을 가장하면) 배급을 많이 받는다고 하더라고.

−하시마에서 해방 맞으신 건가요?

하시마에서 3~4개월만 있었지.

−하시마에 있다 군은 어떻게 간 건가요?

일본군에 들어갔지. 강제로 간 거지. 군에 가라고 하니까 군에 간 거지. 20세가 되니까 니 군에 가야 한다고 하면서 영장이 나왔데. 일본군에 갔다 훈련받고 2개월 있었나. 해방 맞아서 나왔어요.

−원폭 터진 날 기억하세요?

군에서 40일 교육받고 하니까 떨어졌어. 하시마에서 100리쯤 되지 싶어. 내가 훈련 다 받고 하시마로 가려고 하니까 하시마로 배가 안 댕겨요.

−나가사키 원폭 피해 현장 청소하는 데 가셨어요?

들어갔어요. 포탄 떨어진 데. 엿가래만치 철가루가 말려 있더라고. 군인들이 전부 가가 치우고. (군인 중에) 상처 입은 사람은 못 가고. 전부다 장화 신고 장갑 주고 이렇게 해서 갔지.

−해방 맞은 건 언제 아셨어요?

군에서 들었어. 상관들이. 군에서 듣는데. 왜 그러냐 하면. 나 이름도 안 잊어버려. 연대장 대위인데 할복자살했어. 관동군 최고 대장이 8월 16일에 전부 모이라고 해서 학교 연설하는 그 위에서 웃통 벗고, 배 꼬맨 데 칼을 푹 찔러서 죽었어요. 고바야시 도시키. 전범이기 때문에 죽은 기지. 그때 대장을 처음 봤는데 일본군이 독하구나 이 말이지.

–해방되곤 바로 오셨습니까? 어디서 배 타고 오셨어요?

올 때는 미국 배. 나가사키인가. 군함인데. 그때 한 700명이 탔나. 거기를 타고 나왔는데.

–집으로 돌아오니까 기분이 어떠셨어요?

바로 집에 왔지. 집에 오니 참 좋긴 좋더라. 난 지금 굉장히 행복해. 자식들이 나한테 잘해주고. 자식들이 다 돈 벌어서 사니까 좋은 기고. 우리 일가들이 그냥 죽은 사람이 많잖아. 내가 이병철보다 스무 살을 더 살고 있잖아. 내년에 죽어도 행복하고 후년에 죽어도 행복한 건데…. 정치인들 보면 하나 옳은 사람이 없어. 좀 잘 써주소.

–소송은 왜 안 하셨어요?

한 번도 이런(소송과 관련된) 사람 만나지도 않았어요. 정부에서 한다고 해도 우리 정부가 일할 시간이 없어요. 자기들끼리 싸우느라고.

–하시마 이야기는 왜 하려고 하신 한 거예요?

우리 마누라가 작년 10월에 돌아가셨어. 내가 이 사람(아들)한테 다 줬고, 이것도 다 주고. (내가) 죽은 후에 일본이 (사과)해가지고 하면 돈 받으라 하면서 준 거지. 좀 잘해주소. 왜냐하면 말로 못 하겠어요. 우리 역사가 와 이리 됐나 모르겠어.

이인우 씨와 함께 일한 중국인들은 누구

강제동원된 중국인 기록, 일본시민들의 지원으로 이뤄낸 재판 결과 '화해'

중국 포로 관련 기록

정부와 미쓰비시에 남은 자료에 따르면 강제연행된 중국인은 다카시마탄광 205명, 하시마탄광 204명이다. 중국인 포로의 존재는 1925년부터 1945년까지 20년 동안 하시마에서 사망한 이들을 기록한 화장인허증에서 확인할 수 있다. 이 섬에서 사망한 태아, 영아, 유아, 노인 가운데 조선인은 123명, 중국인은 15명이다. 미쓰비시광업 하시마탄광사업소가 외무성에 제출한 보고서 「화인노무자 취로사정 조사 보고서」의 일부인 '미쓰비시광업소 하시마탄광'에는 강제연행된 중국인 204명의 이름뿐 아니라 이들이 겪은 압제, 혹사, 학대, 기아, 부상, 질병이 기록되어 있다. 두 자료를 입수한 나가사키재일조선인의인권을지키는모임은 이 보고서에 기재된 사항을 「녹슨 톱니바퀴를 돌리자」(1994)에 수록했다. 보고서는 나가사키의 중국인 강제연행 재판(2003~2009)에서 증거자료로 사용됐다.

중국인 포로에 대한 기록은 「녹슨 톱니바퀴를 돌리자」에 여러 차례 나온다. 하시마에 연행되어 하시마탄광에서 옥중 병사한 아버지 유골함을 마주한 딸 장계영 씨의 사연에는 명부 이야기가 나온다. 원폭으로 사망한 중국인 33명의 유골은 1950년대 유골반환운동으로 중국에 돌아온 것으로 보이는데, 회사 측이 남긴 기록은 이렇다.

'건명-상해 치사. 범행 연월일-1944년 9월 20일. 가해자 성명-장배림. 피해자 주소-성명 당시 해당 갱에 거주하던 오다지마 타네키치. 범행 내용-복수심에 의한 상해치사. 피해 상황-등 뒤에서 갱목에 당해 중상. 관헌의 조치-검거 송국. 비고-옥중 병사.'

「녹슨 톱니바퀴를 돌리자」에는 하시마로 강제동원된 중국인 증언도 실렸다. 1943년 하시마에 연행된 장춘헌(『군함도에 귀를 기울이면』 304쪽) 씨는 '일본에 갔다'는 이유만으로 문화혁명 10년 동안 스파이로 매도당했다고 한다. 이경운 씨는 1944년 동료 두 사람이 가스중독으로 사망한 후 입갱을 거부하는 투쟁을 벌였다(『군함도에 귀를 기울이면』 308쪽)고 한다. 나가사키 중국인 강제연행 재판의 원고 10명 가운데 하시마 원고는 3명이다. 다음은 그중 이경운 씨가 2006년 11월 15일 나가사키 지방재판소에 제출한 최종 준비 서면의 일부다.

"자유는 거의 없었다. 하시마탄광에서 우리는 로봇과 같이 취급받았다. 아무 말 없이 정렬하게 갱내를 내려가고 올라가고 노동을 할 뿐 동료끼리 이야기를 나누지도 못하고 대소변조차도 제한당했다. 한번은 일하러 나가는 길에서 우연히 같은 고향 사람 소계향을 발견해 서로 이름을 물어보고 하는데, 일본인 감독이 느닷없이 가죽구두 신은 발로 내 한쪽 발을 짓밟고는 나를 넘어뜨리고 허벅지를 걷어찼다. 나는 오륙일간은 한쪽 발을 질질 끌며 걸어야 했다. (중략)

어느 날 갱내에 가스누출이 발생했다. 일본인 주임 감독은 안에 있는 중국인 노동자의 생사를 돌아보지 않고 서둘러 갱도의 입구를 막으려고 했다. 양회민과 보곤 두 사람이 아직 안에 남아 있다는 사실을 알아차린 나와 애걸삼 그리고 임운덕은 생명의 위험을 무릅쓰고 다시 안으로 들어가 두 사람을 구출했다. 그때 그들은 아직 희미하게 숨이 붙어 있었다. 그러나 탄광장이 아무런 구명조치도 하지 않아 결국 원통하게 이국땅에서 죽고 말았다. 이 일이 있고 난 후 나를 포함해 소계향, 윤회천, 왕보안, 오석진, 이복순, 임운덕 일곱 명은 탄광장과의 교섭을 요구하며 파업을 시작했다. (중략) 그러자 경관 한 사람이 나의 머리를 칼로 내려치려고 달려들었다. 나는 순간 머리를 숙여 피하려고 했으나 목 뒷부분을 찔려 선혈이 분출하고 땅바닥에 쓰러져서 의식을 잃었다. 동료인 소계향이 몸에 두르고 있던 너덜너덜한 천을 찢어서 상처 자리를 싸매주었기 때문에 겨우 목숨을 건질 수 있었다. 흉터는 지금도 목을 남아 있을 뿐 아니라 목을 움직이는 것은 부자연스러운 상태가 됐다."

-『군함도에 귀를 기울이면』106쪽

조선인들도 강제동원된 중국인에 대해 증언한다. 이야기는 『군함도에 귀를 기울이면』에 여러 차례 나온다. 일본인 감독이 구타와 학대를 가해 죽은 중국인도 많았다.

"조선인 함바의 정반대 측에는 중국사람들이 있었는데, 조선인보다 더 심한 취급을 받았습니다. 그러나 중국인들과의 접촉은 금지되어 있었기 때문에 자세히는 모릅니다. 전쟁이 다 끝나갈 무렵에는 일본인과 중국인 사이에서 큰 싸움이 있었습니다." -금선옥 씨 증언(49쪽)

"내 눈으로 직접 봤지. 상당히 많았어. 그 사람들도 굶주림을 견디면서 갱내에서 위험한 작업만 하고 있었어. 우리도 뭐냐 하면 이

등국민이라고 차별 대우를 받았는데, 중국인은 훨씬 심한 취급을 받았지."-최장섭 씨 증언(57쪽)

"작업장은 달랐지만 섬에서 본 적은 있어. 중국사람들은 일본이 패전할 거라는 걸 감지하고 저항을 했어. 우리는 저항을 안 했지. 전쟁이 끝나고 중국사람들은 식량 사정이 좋아져서 순식간에 살이 올랐는데 우리 식량 사정은 달라지지 않았어."-전영식 씨 증언(65쪽)

"노동현장을 본 적은 없지만 중국인은 엄청 많이 있었어. 포로로 끌려와 있었지. 위험한 일은 중국인에게 시키고 먹을 것은 궁핍했기 때문에 말라서 뼈하고 가죽밖에 안 남아 있었어. 그래도 전쟁이 끝난 후에는 힘을 얻어서 식량 사정이 개선되어 2개월이 지나자 살이 쪘는데 우리들은 주먹밥 하나인 채라서 오히려 차별이라고 생각했지."-박준구 씨 증언(72쪽)

1939년 입사해 외근계에서 근무하다 1954년 퇴직한 고사코 마사유키 씨도 증언했다.

"중국인이 포로라는 명목으로 온 것은 1943년이었을 거야. 240명 정도 있었지(미쓰비시광업이 외무성에 제출한 보고서에 의해 정확하게는 204명으로 판명되었다). 옛날 큰 창고 건물을 숙사로 삼아 그 일대를 철조망으로 둘러쌌어. 방위대(재향군인을 주체로 편성)가 총을 가지고 경계를 서고 있었어. -고사코 마사유키 씨 증언(83쪽)

중국인 강제동원 피해자들의 재판 결과

"(2017년) 12월 15일 중국에서 강제동원 유가족 2명이 미쓰비시 화해 협상 문제로 일본에 온다. 화해 대상자는 3,765명이다. 미쓰비시와 화해는 끝났지만 지금까지 발견된 미쓰비시 관련 유가족은 11명에 불과하다. 중국에서 화해금을 받을 조직이 있어야 미쓰비시 측에서 송금할 수 있으므로 이런 문제를 상의하러 오는 것이다."

중국인 강제동원자 재판의 피해자 관련 기록을 주도적으로 찾은 히라노 노부토 씨.

2017년 11월 18일 피폭2세교직원회 회장이자 '한국 원폭피해자를 구원하는 시민모임' 나가사키 지부장인 히라노 노부토(1946년생) 씨를 그의 사무실에서 만났다. 사무실은 오카 마사하루 기념 평화자료관에서 도보로 5분 거리였다. 히라노 씨는 1979년부터 2007년까지 나가사키현 초등학교 교사로 일하면서 1986년 나가사키현 피폭2세교직원회를 결성해 한국 원폭피해자 지원운동을 했다. 1998년부터는 전국피폭2세단체연락협의회 회장을 지냈다.

그가 말한 화해협상은 2016년 6월 1일 한국일보 '日 미쓰비시, 강제노동 中피해자 3765명에 752억 원 보상금' 보도 등으로 알려진 바 있다. 기사 내용은 다음과 같다.

'일본 정부는 전후 배상 책임이 없다는 입장이지만 미쓰비시가 자발적으로 피해자들과 합의를 이뤘다는 점에서 평가를 받고 있다. 일본 정부는 "1972년 중일 공동성명을 통해 중국 측은 국가 대 국가뿐 아니라 개인의 배상청구권도 포기했다"는 공식 입장을 표명해왔다. 이에 따라 일본 최고재판소도 중국인 피해자들이 미쓰비시 등에 제기한 배상청구를 인정하지 않았다. 일각에서는 '전범기업' 이미지를 탈피하기 위한 미쓰비시의 포석이라는 해석도 나온다. 교도통신은 "중국시장으로 사업을 확장하는 미쓰비시가 중국 국민에게 우호적인 비즈니스 환경을 정비할 필요를 느낀 것 같다"고 평가했다.'

이 같은 결정이 난 것은 강제동원된 중국인들이 재판을 진행했기 때문이다. 나가사키 중국인 강제연행 재판을 진행한 원고 중 하시마와 관련된 3명의 진술록을 보면 중국인들이 재판을 진행한 이유를 알 수 있다. 서면 전문은 『군함도에 귀를 기울이면』에 실렸다.

'가해자에게 피고로서의 책임이 있음을 안 것은 2001년 9월에 '나가사키 중국 노동 수해자 연의회'가 결성되어 피고 미쓰비시 머터리얼에 대해 2002년 1월 16일부로 진상조사 및 보상 청구를 행하기까지 준비를 하던 기간부터였다. 원래 우리는 귀국한 후 일본의 침략 부역자로 취급당해 오랫동안 눈칫밥을 먹으며 살아야 했다. 그런 와중에 일본 정부나 기업에 보상이나 배상을 청구할 수 있다고는 생각도 하지 못했다. 알았다 해도 청구할 수 있는 법적 환경이 없었다. 재판을 시작하고 피고인 일본 정부나 기업에 배상을 청구해야 한다는 사실을 안 것은 2003년 가을에 석가장에서 아사이 등의 변호단으로부터 피고국가나 피고기업에 법적 책임이 있다는 설명을 들은 뒤부터다.'-이경운 씨 서면 (107쪽)

'일본 정부와 기업이 우리에게 정의와 인간의 존엄을 돌려주고, 중국의 납치 피해 노동자에게 사죄와 함께 물질적, 정신적 보상을 할 것을 요구한다. 요구가 가능하다는 사실을 알게 된 것은 연의회를 결성하여 피고 미쓰비시 머터리얼에 진상조사에 협력할 것과 보상을 청구하는 활동을 시작하고부터다. 나의 인생도 길게 남지는 않았다. 이 재판을 통해 납치의 진상을 밝히고, 정의가 실현되기를 바라며, 날마다 마음을 새롭게 다지고 있다.'-이지창 씨 서면 (122쪽)

'나와 어머니는 둘이서 서로 도우며 지금까지 살아왔다. 우리 집의 이 비참한 역사, 피와 눈물의 역사는 일본의 침략 전쟁이 그 원흉이다. 나는 제2차 세계대전 당시 중국인 강제연행 피해 노동자의 유족으로서 일본 정부와 미쓰비시 회사가 노동자들을 강제연행하여 일을 시키고 학대한 사실을 인정하고, 생존자 및 유족에게 공개적으로 사죄와 배상을 하고, 미불된 임금 지불은 물론 우리가 당한 정신적, 육체적, 가정적 피해에 대해 배상할 것을 강력히 요구한다. 또 역사적 비극을 재차 반복하지 않기 위해 중국이 허베이(河北)성과 일본 나가사키에 각각 기념관을 건설하여 후세 사람들에게 이러한 역사적 사실을 가르치고 전해서 두 번 다시는 비극의 역사를 되풀이하지 않을 것을 요구한다.'-왕수방 씨 서면 (126쪽)

중국 강제동원자 재판의 원동력은 일본시민

이 일은 일본 시민단체들의 자발적인 지원이 있었기에 가능했다. 히라노 노부토, 다카자네 야스노리 씨 일행은 사망자 명부 등에 적힌 주소를 확인했다. 그런 다음 사키토탄광, 하시마탄광, 다카시마탄광 사람 800여 명에게 피해 사실을 물으려고 편지를 보냈다. 조선인의 원폭피해 사실을 규명하는 과정에서 중국인 피해 사실이 드러나 중국인 조사는 1992년부터 본격적으로 시작했다. 이후 50여 통의 답신을 받으면서 중국 조사가 이뤄졌다. 이렇게 진행한 피해자 조사를 바탕으로 2003년부터 재판을 했다. 최고재판소에서도 패소했지만 일본시민들의 끈질긴 노력이 있었기에 미쓰비시와 화해에 도달할 수 있었다.

히라노 노부토 씨는 명부에 적힌
800여 곳의 주소로 편지를 보냈다.

중국인 강제동원 피해자들에게 편지를 보내
답장 67통을 받았다.

"일본에 전쟁 책임이 있으므로 일본 정부가 사실 자료를 찾아 발표해야 한다. 하지만 정부가 안 하니까 우리가 했다. 우리는 문제점을 해결하기 위해 조사했다. 중국인이 언제 잡혀서 어디에 수용당했다는 내용이 명부에 명확히 남아 있었기에 조사가 가능했다."

히라노 씨가 보낸 편지에 대한 답장은 10년 만에 돌아오기도 했다. 그는 왜 이런 일을 했을까. 『생명의 끈 함께 이어』(나가사키신문사, 2011) 공저자이기도 한 히라노 씨는 책에 '대단한 사명감이나 목적 의식이 있는 것도 아니다. 굳이 말하자면 거기에 "우리를 기다리는 사람이 있고, 우리의 힘을 필요로 하는 사람이 있기 때문"이라고 답하는 수밖에 없다'고 썼다. 그는 25년간 직접 보낸 설문지 편지와 답장이 온 편지봉투, 편지 내용, 환전 기록, 비자 등을 스크랩한 기록철을 펼쳐 보였다. 피해자들에게 답장을 받으면 현지 조사를 떠났던 그는 1990년대부터 2000년대까지 한국은 300여 번, 중국은 20여 번 방문해 일주일씩 머물렀다.

"중국에 현지 조사를 갔을 때 호수 같은 구멍을 봤다. 사실상 변소였는데, 강제동원 피해자가 그곳에서 돼지를 키우고 있었다. 그곳을 지저분하게 느꼈다는 것이 아니다. 일본이 이런 외진 시골까지 가서 포로를 잡고 온 걸 보면서 전쟁은 정말 무섭다고 느꼈다. 작은 섬나라가 이런 광대한 나라를 지배하려고 했던 것 자체가 너무 바보 같은 일이 아니었을까. 그 죄가 얼마나 큰지 느껴졌다."

5장

위안부

군함도에 위안부가 있었을까

위안부 취재기

언제부터 위안부에 관심이 생겼는지 모르겠다. 살면서 싱추행을 몇 번 겪은 뒤 자연스레 위안부에 눈길이 갔던 것 같다. 그렇다고 일본대사관 앞에서 투쟁하는 소녀상 지킴이들에게 응원의 메시지를 보내진 않았다. 위안부 할머니들을 지원하는 한국정신대문제대책협의회, 나눔의집 문을 두드린 것도 아니다. 그저 소극적으로 피해자 할머니들만 마음에 담았다. 작은 상처를 입은 나도 이런데, 할머니들은 사는 게 얼마나 무서웠을까 싶었다.

2012년 9월 초 해외 취재를 갈 일이 생겼다. 국무총리 산하 대일항쟁기 강제동원피해조사 및 국외강제동원 희생자 등 지원위원회의 지원으로 사이판, 팔라우 추도순례를 동행하는 일정이었다. 일제에 강제동원된 조선인을 기리는 추도제만 가면 됐지만 그러고 싶지 않았다. 먼 데까지 가서 제사만 지낼 수 없었다. 이런 강제동원 피해현장에 언제 또 갈까 싶어 뭔가를 취재해보기로 마음먹었다. 취재 주제는 위안부로 잡았다.

그해 여름, 위안부는 뜨거운 이슈였다. 2012년 8월 27일 당시 노다 요시히코 일본 총리는 "일본이 일본군 위안부를 강제로 동원한 증거가 없다"고 발언해 공분을 샀다. 위안부 할머니들은 수요집회에 참석해 "나만큼 더 확실한 증거가 어디 있느냐"며 거세게 항의했다. 나는 현지에서 목격자 증언이든, 위안소 터든 뭐라도 찾아내 기사로 남겨 나 나름

「주간동아」 855호 '조선인 위안부 흔적 찾기, 태평양전쟁 격전지 사이판, 팔라우를 가다'

의 방식으로 대응하고자 했다. 9월 3일부터 7일까지 현지를 걷고 또 걸으며 위안소 터를 찾아 갔고, 현지인 증언도 확보했다.

"여기(코롤 병원 뒤) 조선인 샤워 레이디가 살았다. 여자들은 코롤 병원에도 살았다."-팔라우 현지인 토마스 오바 씨

"전쟁 전 한국 여성들이 비즈니스(성매매)를 하려고 1,000여 명이 왔다. 오키나와인, 일본인, 한국인 여성은 가라판(중심가)에 살았다."-사이판 현지인 호세 아이토레서 씨

"아버지가 어린 내게 조선인 위안부 여자들이 주변에 산다고 말했다." -사이판 현지인 만요엘 알 메사 씨

"우리 아버지는 티니언 토박이인데 어린 내게 한국 위안부 여성이 많이 살았다고 알려줬다."-익명을 원한 티니언시 고위 공무원

"(사이판) 티니안 섬에 조선인 위안부는 분명히 있었을 것이다."-역사 저술가 돈 패럴

이 같은 취재 내용을 『주간동아』 2012년 9월 17일 '사이판, 팔라우 현지 취재-위안부 그 생생한 증거들' 기사로 썼다. 하지만 찜찜했다. 코끼리를 보지도 못한 채 코끼리 발만 만졌기 때문이다. 실태조사는 턱없이 부족했다. 2001년 발간된『일본군 위안부 문제의 책임을 묻는다』(풀빛)에 조최혜란 한국정신대연구소 연구원이 현지 조사보고서를 내고, 해외희생동포추념사업회가 1995년 답사를 진행했을 뿐이다. 전문가는 "일본이 팔라우에 남양청을 두고 남양군도에서 위안소 행정관리를 관장한 데다, 일본군이 전선을 확대하면서 조선인 위안부가 대규모로 동원됐을 것"이라고 설명했지만 자세한 자료는 찾을 수 없었다.

뒤이어 기사 '사진으로 본 위안부-전쟁터로 끌려간 딸 조선의 딸'을 기획하면서 '현실'을 보게 됐다. 위안부 사진 자료를 제공한 한국정신대문제대책협의회는 "사진 저작권이 대부분 여성들의전쟁과평화자료관(WAM) 같은 일본 시민단체에 있다. 우리가 갖고 있는 사진은 거의 없다"고 밝혔다. '연구기록은 물론 사진기록조차 우리나라 연구자와 시민단체가 갖고 있는 것이 부족하다'는 사실은 충격적이었다.

그리고 나서 살펴보니 우리나라 위안부 기사는 마음 따뜻한 시민과 사과를 요구하는 위안부 당사자가 함께하는 '운동'에 대한 내용이 관련 연구보다 비중이 컸다. 위안부에 관심 있는 학생, 소설가, 만화가, 조각가, 기획자, 연출가의 이야기가 위안부 학자들의 이야기보다 많았다.

적어도 위안부 문제는 문화가 기록을 앞섰다. 위안부 연구물이 부족하다는 말은 곳곳에서 들렸다. 20여 년간 한일관계를 취재한 한 기자는 내게 "위안부 연구자라고 하는 사람 대다수는 위안부 운동가로 보인다. 위안부 연구를 지속하는 학자가 몇 명이나 되나. 위안부 연구 세미나에 가도 새로운 내용을 듣기 어렵다"라고 말했다.

그때부터 나는 기회가 되는 대로 위안부 기사를 썼다. 뚜렷한 소신이 생긴 건 아니지만 나도 모르게 자꾸만 이 주제로 걸어 들어갔다. 경남 통영 출신인 국내 최고령 위안부 김복득 할머니를 만난 것도 그 즈음이다. 위안부 기록물을 만든 이들을 취재하고 얼마 지나지 않아, 이런 일을 한 사람 대부분이 일본인이라는 사실도 알게 됐다.

일본군 위안부 피해 사실을 최초로 증언한 배봉기 할머니를 추적해 『빨간 기와집 : 일본군 위안부가 된 한국 여성 이야기』(꿈교출판사, 2014)를 펴낸 이는 가와다 후미코라는 여성 르포라이터다. 일본 사회에 일본군 위안부 문제를 공론화한 이는 요시미 요시아키 주오대학교 교수다. 그가 1992년 1월 일본 방위청(현 방위성) 방위연구소 도서관에서 일본군이 위안부 문제에 직접 관여한 사실을 담은 공문서 6점을 발견해 『아사히신문』에 제보하면서, 일본 정부가 움직이기 시작했다. 일본 정부는 진상조사를 벌였고, 1993년 8월 '일본군이 강제로 위안부를 모집하는 데 관여했다'는 사실을 인정한 '고노 담화'를 발표했다.

이런 일을 해온 사람들이 일본인이라는 점보다 이들이 이 일을 '꾸준히' 해오고 있다는 사실이 더 아프게 느껴졌다. 어린아이를 데리고 배봉기 할머니를 취재했던 주부 가와타 후미코는 일본전쟁책임자료센터 공동대표로, 암 투병 중에도 관련 활동을 이어가고 있다. 2012년부터 월간지 『세카이』에 연재한 '재일 코리안' 할머니 28명의 취재기를 『몇 번을

지더라도 나는 녹슬지 않아』(바다출판사, 2016)라는 책으로 엮어냈다. 그는 『신동아』 인터뷰를 통해 "1977년 12월 배봉기 할머니, 1992년 1월 송신도 할머니와 만나며 일본군 위안부는 일생의 과제가 됐다. 일본 역사의 소용돌이에 휘말린 할머니들을 만나야 했고, 만났다"고 했다.

요시미 요시아키 교수는 일본전쟁책임자료센터 공동대표로 일본군 위안부 연구 활동을 지속하고 있다. 민족문제연구소에서 위안부 연구자인 윤명숙 박사에게 자료를 설명하던 그의 진지한 얼굴이 위안부를 취재할 때마다 문득문득 떠올랐다. 아시아여성기금 문제로 한국 단체들과 관계가 틀어진 우스키 게이코 CCSEA대표도 비슷했다. 우스키 대표는 1984년 배옥수 위안부 피해자를 인터뷰한 1세대 위안부 저널리스트로 지금도 위안부 할머니들을 만난다.

일본인 3세인 마이크 혼다 미국 전 민주당 하원의원은 2007년 미국 의회에서 위안부 결의안 채택을 주도해 통과시켰을 뿐 아니라, 은퇴한 지금까지도 일본 정부의 사과를 촉구하고 있다. 혼다 전 의원은 "소녀상을 찾을 것인가"라고 묻는 내게 고개를 저으며 이렇게 답했다.

"나는 나눔의 집에 가서 위안부를 직접 만날 것이다. 한국사람은 위안부 소녀상을 보고 기념 촬영만 하지 말고 더 많은 일을 해야 한다. 나는 한국에 올 때마다 나눔의 집을 방문한다. 한국인은 위안부를 위해 무엇을 하는가. 위안부가 죽으면 누가 기억해주고 누가 물어주는가. 삶의 막바지를 살아가는 위안부에게 무엇을 원하는지 묻는 사람이 있는가."

그의 말을 듣고 보니 그동안 기념 촬영만 해온 것 같았다. 뭔가를 해야 한다는 마음이 강하게 일었다. 하지만 의욕만 앞서는 기자가 할 수 있는 일은 많지 않았다. 2015년 한일 일본군 위안부 합의 이후 무력감은 더해갔다. 마침 윤명숙 박사가 1년여 된 '김학순들연구모임'에 나를 초대했다.

위안부에 대해 알고 싶었던 나는 한 달에 한 번씩 모임에 나가기 시작했다. 어떤 이야기를 나눌 수 있을까 궁금했다. 장소는 서울 동대문구 역사문제연구소. 한국 사회에서 최초로 일본군 위안부임을 고백한 김학순 할머니를 기리며 만든 이 모임에는 윤명숙 박사와 조시현 박사, 이양구 연출가를 비롯해 위안부 만화가, 중국 근현대사 연구자도 참여했다.

세미나 주제는 매번 달랐다. 위안부 영화 또는 다큐멘터리, 위안부 국내외 소설 등을 다뤘다. 이곳에서 위안부 주제가 학계보다 문화계에서 다양하게 논의되고 있다는 사실을 재확인했다. 이 모임은 윤명숙 박사가 중국의 한 대학교에 연구교수로 가면서 잠정적으로 중단됐다. 나는 이곳에 6개월가량 참여한 것으로 아쉬움을 달랬다(이 모임이 다시 시작될 날을 기다린다).

그즈음 남산에 들어선 위안부 기념공원에 관한 기사를 썼다. 할머니들의 이름을 당사자 동의 없이 비석에 각인한 것에 대한 문제제기였다. 할머니들 당사자의 '인권'에 무게를 둔 기사였다. '비석에 이름을 새기는 것은 좋지만 그 전에 당사자나 당사자의 가족에게 동의를 구하는 것이 옳지 않은가'라고 묻고 싶었다. 다른 피해도 아니고, 성적인 피해를 경험한 이들은 자신의 이름이 알려지는 일을 꺼릴 것이라고 여겼다. 내가 접촉한 한 위안부 가족은 어머니의 이름이 각인된 사실에 분개했다. 집안의 불명예라고 받아들였다. 보도 이후 비석에 새긴 어머니의 이름을 직접 지운 사람도 나타났다. 기사에는 많은 악플이 달렸다. 위안부를 기억하고자 이름을 새긴 것이 무슨 문제가 되느냐는 내용이 많았다. 독자들의 험담을 보며 나는 움츠러들었다.

『신동아』 688호(2017년 1월 9일)에 게재된
'기억하고 싶지 않은 '기억의 터' "당신 엄마가 위안부라면 이름 남기고 싶겠나"" 기사.

과거에는 경험하지 못했던 일이다. 현지에서 위안부의 흔적을 찾고, 연구자들에게 위안부의 강제성에 대해 물을 때만 해도 반응은 대부분 격려였다. 통영 위안부 기념비와 통영 위안부 할머니를 취재할 때는 응원도 받았다. 하지만 "일본만 나쁘다고 욕할 게 아니라 우리 행동도 돌아봐야 하지 않느냐"고 묻는 순간 비판이 날아왔다. 위안부를 동원한 조선인 중개업자들의 책임을 물은 박유하 세종대 교수를 인터뷰한 뒤 시민단체 관계자로부터 "제정신으로 이런 기사를 썼는가"라는 말을 들었을 때처럼 공허해졌다.

다양한 논의가 이루어지면 좋겠다는 바람으로 한국군 위안부 문제도 기사화하고 싶었다. 한국군 위안부 연구자는 물론, 당사자의 음성기록을 갖고 있는 사람도 찾았다. 나는 '일본이 잘못했기 때문에 우리에게 그런 문화가 남은 것이지 않느냐'는 문제제기를 한 것이지만 이 주제는 기획회의조차 통과하지 못했다. 정부가 추진하는 위안부 백서 내용의 부실, 정부의 위안부 기록 관리 문제를 지적한 기사는 여론이 되지 못했다. 소녀상 설치나 이전 같은 문제는 독자들의 관심을 끌었지만 다른 이야기를 쓰면 외면받았다. 우는 소리를 하는 게 아니다. 독자가 보지 않는 기사의 가치는 기자가 증명하기 어렵다.

위안부를 취재하는 일이 '집념'이 아니라 '집착'으로 평가받던 2017년. 나는 한일기자 공동으로 매주 수요일 위안부 기사를 연재하는 기획을 추진했다. 동료인 강부경 미술기자가 수요집회를 하는 것처럼 온라인 수요집회 콘셉트의 연재를 해보자는 아이디어를 냈다. '한국 기자와 일본 기자가 위안부 문제를 다각도로 취재해 위안부 논의의 폭을 확장하자'는 취지로 우리는 위안부 관계자들을 만났다. 처음에는 신선한 기획이라는 평가를 들었으나 주제가 무겁다는 이유로 결국 하지 못했다.

이 기획은 우메무라 다카시 전 아사히신문 기자와 함께 진행하려고 했다. 우메무라 기자는 1991년 8월 11일 『아사히신문』에 '김학순 할머니가 증언을 시작했다'는 사실을 기사화했다. 이 때문에 일본 우익으로부터 "위안부의 존재를 세상에 알려 국익을 해친 '날조' 기자"라는 공격을 받아왔다. 부천 가톨릭대학교 연구실에서 만난 우에무라 기자가 말했다.

"일본에는 위안부 전문기자가 있다. 아사히신문 마쯔이 야요리 기자가 대표적이다. 하지만 한국에는 위안부 전문기자가 없다. 기자들이 위안부 취재를 하다 다른 부서로 발령 나면 위안부 취재를 멈춘다. 깊이 있는 위안부 기사가 나오기 어렵다. 내가 위안부를 취재했을 당시 (1991년 무렵) 한국 기자들도 위안부를 취재했다. 그중 3명을 아는데 모두 여성이다. 이들은 언론계를 떠났다. 한 사람은 외교관, 한 사람은 예술가, 한 사람은 의사가 됐다. 위안부를 취재하다 그만둔 기자가 이 사람들뿐이겠나. 한국의 위안부 전문기자를 만나고 싶다."

듣고만 있을 수 없어 변명을 늘어놨다. "언론 시장이 어려워지고 있다. 신문·잡지 구독자 수는 물론이고 광고도 줄고 있다. 기자가 특정 주제에 전념하는 건 사실상 불가능하다. 기자는 흥미 있는 기사도 써야 하고, 광고 기사도 써야 한다. 나도 예외가 아니다. 이런 현실이 안타깝다." 고개를 끄덕이던 우에무라 기자가 나를 응시하며 말했다.

"진짜 저널리스트라면, 진짜 그 사실을 알리고 싶다면 휴일에 취재하면 되지 않나."

한 대 얻어맞은 것 같았다. 줄기차게 해댄 남 탓에 부끄러웠다. 나는 위안부 당사자도 만났고, 위안소 터도 가봤다. 위안부 연구회에도 참석했고, 위안부 연구자들도 안다. 위안부 문제를 알린 미국 하원의원, 일본인 위안부 전문가들도 만났다. 위안부 가족을 알고, 우리 정부가 위안부 기록을 얼마나 부실하게 관리하는지도 잘 안다. 하지만 여기까지다. 더 취재하지 않았다. 취재하면 할수록 겁이 났다. 위안부 취재는 밥벌이로만 했다.

상황이 이렇다 보니 군함도 위안부 존재는 몰랐다. 배우 이정현이 영화 「군함도」에서 위안부를 연기한다고 했을 때 비로소 위안부를 떠올렸다. '군(軍, 군대에 동원된)위안부'만 취재했기 때문에 탄광촌 같은 산업시설에 위안부가 존재했다는 사실이 믿기지 않았다. 위안부 취재를 지속했다고 자부하면서도 산업시설의 위안부는 몰랐다.

군함도에서 음독자살한 18세 여성은 누굴까

군함도 위안부 흔적 찾기

영화 「군함도」에서 배우 이정현은 오말년을 연기한다. 다른 지역에서 일본군 위안부로 생활하다 군함도로 끌려와 유곽으로 보내지는 말년은 조선인 소녀들을 다독이는 여성이다. 『국민일보』 인터뷰 기사(2017년 8월 14일, 권남영 기자)에 따르면 이정현은 시나리오를 읽고 너무 고통스러워 울었고, 사실적인 연기를 위해 몸무게를 36.5kg까지 감량했다.

군함도에 오말년 같은 조선인 위안부가 살았을까. 그 존재는『군함도에 귀를 기울이면』(선인, 2017)을 읽어보면 짐작할 수 있다. 책에는 군함도 위안부로 추정되는 인물 기록이 있다. 단서는 하시마에서 사망한 일본인, 조선인, 중국인의 사망진단서, 화장(火葬)인허증 교부신청서다. 책에는 여성의 실명은 물론 주소지, 아버지 이름도 적시돼 있지만 나는 실명과 주소지는 생략하고 싶다. 본인 이름이 이렇게 기억되길 원하는 이는 많지 않을 것이다.

여성 노○○(본적 황해도 신천군 ○○면 ○○리 ○○○번지, 1919년 1월 ○일생, 호주 노○○ 씨의 ○녀) 씨는 술집의 작부로 일하다, 1937년 6월 27일 1시 0분경 '크레졸(살균과 소독에 사용되는 액체) 음독'으로, 같은 날 3시 20분에 사망했다. 18세의 젊은 나이였다. 동거인이던 혼다 ○○○○(1883년 9월 ○○일생) 씨가 같은 날 '화장인허증 하부 신청서'를 제출했다.

열여덟 살 어린 조선인 작부의 자살. 거기서 숨겨진 비극을 보는 듯하다. 매춘을 강요당했거나 강간은 당했을 수도 있으리라. 혹은 망향의 슬픔을 견디지 못한 염세적 자살인지도 모른다. 한 장의 '화장인허증 하부 신청서'는 아무런 진실도 말해주지 않지만, 이국땅의 동중국해에 떠 있는 외딴섬 하시마에서 자신의 목숨을 끊을 수밖에 없었던 그녀의 원통함을 생각하면, 누구라도 연민의 눈물을 흘리지 않을 수 없을 것이다. 그녀의 죽음에서도 조국의 땅과 산업 등 모든 것을 약탈해간 일본 제국주의에 대한 원한을 느낄 수 있다.

-『군함도에 귀를 기울이면』 147쪽

우리 정부 보고서 「사망 기록을 통해 본 하시마탄광 강제동원 조선인 사망자 피해실태 기초조사」(2012)에도 작부 노○○ 씨가 언급된다. 정부 보고서는 나가사키재일조선인의인권을지키는모임이 발굴한 조선인 및 중국인의 화장인허증 교부신청서를 바탕으로 조선인 사망자의 피

영화 「군함도」 포스터. 이 영화에 위안부 여성이 나온다.

해 실태를 추론한다. 보고서는 단행본 『파도가 지키는 감옥섬』(선인, 2013)으로 발간됐다. 저자는 일본 논문을 인용하며 구체적인 설명을 이어갔다.

　자살한 조선인 1명은 18세의 여성이고 직업은 '작부'로 기재되어 있다. 이 여성의 화장인허 신청인은 '本田○○松'이라는 인물이다. 하시마에는 여성을 고용한 '요리점'이 1907년부터 있었다고 하며 전시체제기의 하시마에는 林田, 本田, 吉田(조선인)이 경영하는 세 채의 '요리점'이 있었다는 진술이 있다. 자살한 여성의 화장인허를 신청한 '本田○○松'은 위 진술에 등장하는 '本田室'의 경영자로 추정된다.

　이 여성의 직업으로 기재된 '작부'에 대한 기록은 나가사키현 탄광사 연표인 '탄갱지(炭坑誌)'에서도 발견할 수 있다. 1939년 3월, 우메가사키경찰서는 하시마 '작부' 27명 중 12인, 다카시마의 '작부' 49명 중 19인을 '무병 작부'로 표창했다. 이 여성은 1938년에 자살하였으므로, 1939년에 하시마에 존재한 '작부 27명' 중 조선인 여성도 포함되어 있을 것이다.

　석탄통제회 규슈지부에서 작성한 '탄광의 반도인 근로관리'라는 문서에는 '특별위안소'라는 항목이 있다. 이 문서에서는 '천명의 반도 노동자에 대해 18명 정도의 여성이 좋다'고 언급하였다. 또한 광산 노무자와 경영자, '종업여성'과의 연락협의회를 열고 '여성에게도 도망방지와 증산격려의 책무를 지게 하고 싶다'고 주장하였다.

　연구자 다케우치는 이 내용을 근거로 경찰과 탄광 경영자가 연계하면서 여성을 '성노예'로 지배했다고 보이며, 탄광 노동자 수에 대응하여 생각한다면 하시마와 인근의 다카시마를 포함하여 1939년

단계에 총 *808*명의 여성이 '종업여성'으로 존재하였다는 의견을 제
시하였다. 이 여성의 사망원인인 '자살'은 다케우치의 이러한 의견
에 더욱 힘을 싣는다.

— 정부 보고서 「사망 기록을 통해 본 하시마탄광 강제동원
조선인 사망자 피해실태 기초조사」 57쪽 중에서

그즈음 한일 과거사 연구 권위자인 정혜경 박사가 이메일을 보내줬
다. 다른 기자에게 보낸 이메일을 내게 공유한 것이다. 2017년 8월 4일
과 5일 군산에서 한일민족문제학회와 일본 재일조선인사연구회가 격년
으로 공동 개최하는 '2017 한-일역사연구자 공동학술회의가 열린다'는
내용이었다.

유곽은 강제동원 이전 시기부터 있었는데, *1937*년에 노씨라는 조
선 여성이 음독자살한 기록은 있는 것으로 보아서, 이후 조선여성
이 있었을 것으로 추정되기는 하지만 확인되지 않고 있습니다. 일
본 홋카이도나 나가노 노무작업장에서 기업위안소(노무위안소)가 있
었다는 자료는 있습니다.
현재 일본의 재일조선운동사연구회 히구치 유이치 회장이 기업위
안소 조사팀을 만들어 조사를 시작한 것으로 압니다. 이분은 내일
군산 학술심포지엄에 참석하기 위해 오늘 서울에 오시는 것으로 압
니다. 향후 일본의 기업위안소(노무위안소)에 대한 조사가 이루어지
면 군함도의 조선인 위안부의 실체도 파악될 수 있을 것입니다.

나는 8월 4일 군산으로 향했다. 목적지 이당갤러리는 군산버스정류장
에서 가까웠다. 학자들이 백팩을 메고, 트렁크를 끌고 나타났다. 연구
자 40여 명이 모였지만 누가 누군지 알 수 없었다. 저명한 학자가 많이

2017년 8월 4일 군산에서 열린 '2017 한-일역사연구자 공동학술회의'.

왔다고 하지만 관련 논문을 읽지 않았기에 감을 잡을 수 없었다. 학회는 오후 1시부터 5시간 동안 이어졌다. 쉬는 시간에 산업위안부를 연구하는 히구치 선생님과 명함을 주고받았다. 일본인 여성 학자들은 전시 팸플릿을 건넸다.

팸플릿을 보니 고려박물관이라고 쓰여 있었다. 2001년 일본 도쿄에서 개관한 고려박물관은 한일청구권협정, 한국인 원자폭탄 피해자를 비롯해 한일교류사를 보여주는 전시를 선보였다. 고려박물관 관장은 히구치 선생님이다.

학회는 끝났고, 학자들은 한식당으로 이동했다. 히구치 선생님과 대화하려고 그 옆에 앉았다. 대화를 시작하려는 순간, 각 지역에서 온 연구자들이 자기소개를 하기 시작했다. 버스표를 미리 사둔 터라 마음이 급했다. 허광무 선생님이 통역을 자처해준 덕분에 식당 신발장 앞에서 히구치 선생님과 20분 정도 이야기를 나눌 수 있었다. 말씀을 정리하면 이랬다.

"산업위안부 연구를 하고 있다. 관련 자료는 찾았지만 연구비가 없어서 자료집은 만들지 못한다. 다만 8월 30일부터 진행되는 전시 도록은 만들었다. 산업위안부에 관한 실증적인 자료는 크게 두 가지다. 하나는 돗토리현 지사가 일본 내무성에 '남자 노동자 1,000명을 동원했을 때 이들을 위안하기 위해서 여성 20여 명을 데려왔다'고 보고한 기록이다. 다른 하나는 경시청이 '매춘 영업을 하고 있던 조선 요리점에 이제는 한국에서 동원된 노무자들을 위무하는 역할을 하라'는 통첩을 내린 자료다. 전자는 최근 KBS에 보도됐지만 후자는 알려지지 않았다. 군위안부 증언자는 많다. 하지만 산업위안부 증언자는 단 한 명도 없다. 산업위안부라고 커밍아웃한 사람이 없기 때문에 이 사실을 정부도 인정하지 않고, 일반인도 모르는 것이다."

히구치 선생님이 언급한 KBS(2017년 8월 1일, 이승철 기자) 보도는 이런 내용이었다.

군함도 징용자들의 화장기록 속에 한 여성의 이름이 눈에 들어옵니다. '노○○' 고향은 황해도 신주입니다. 사망 원인은 화공약품인 크레졸을 마신 걸로 돼 있습니다. 스스로 목숨을 끊었을 당시 18세, 그녀는 위안부였습니다.

(인터뷰) 다케우치(강제 동원 관련 연구자) : *"탄광에 관련된 여성이에요. 이른바 위안부입니다."*

군함도에는 위안소 3곳이 있었는데, 조선 여성이 얼마나 있었는

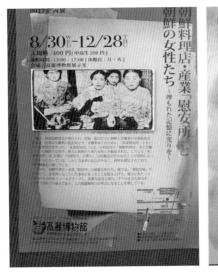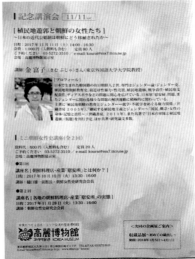

일본 도쿄 고려박물관에서 열린 산업위안부 전시
포스터 앞면과 뒷면.

지 공식 기록은 없습니다. 다만 자살기록과 더불어 조선 여성 9명이 군함도 진료소에 왔다는 증언만 남아 있는 상태입니다. 위안부의 존재가 부담스러웠을까? 군함도 탄광을 운영하던 미쓰비시는 해방이 되자 위안소 건물을 헐고는 다른 건물을 세워버립니다. 연구자들은 탄광 등에 속한 이른바 '산업위안소'가 전국 곳곳에 있었던 것으로 보고 있습니다. '반도 작부 가동 상황'이라 적힌 이 문서는 1944년 돗토리현 지사가 조선 위안부 20명을 비행기 공장 인근에 데려왔다며 조선총독부와 중앙정부에 보고하는 내용입니다.

(인터뷰) 히구치(중앙대 연구원/산업위안부 연구자) : "위안소에 와서야 나갈 수도 없다는 걸 처음으로 알게 되죠. 자살하는 사람도 있고요. (탄광이) 노무관리 일환으로 조선 여성을…."

홋카이도 탄광에도 19곳의 위안소가 운영됐다는 연구 결과가 최근 나오는 등 군함도에서 확인된 산업위안부 실체가 조금씩 드러나고 있습니다.

더 알고 싶었다. 선생님은 이틀 후인 "일요일(8월 6일) 밤에 일본으로 돌아간다"고 했다. 8월 6일 오전 선생님을 만나기로 약속하고 자리에서 일어났다. 서울행 버스에 몸을 실었지만 마음은 편치 않았다. 통역이 문제였다.

산업위안부는 많았다. 다만 당사자 증언이 없다
산업위안부 연구자 히구치 유이치 인터뷰

서울로 돌아오면서 나는 이 인터뷰를 해도 문제라고 생각했다. 통역자가 없었다. 한자도, 일본어도 잘 모르는 상태에서 히구치 선생님과 필답을 나눌 수도 없는 노릇이었다. 군산에 괜히 갔나 하는 생각도 들었다. 군산에만 가면 될 줄 알았는데 다시 숙제가 주어졌다. 사실 군산 학회에도 가지 못할 뻔했다. 다섯 살인 둘째가 많이 우는 바람에 현관문을 나설 수 없었다. '군함도 책을 쓰겠노라'며 7월부터 육아휴직을 낸 터라 다른 사람에게 육아를 부탁할 수도 없었다. 눈총받을 각오를 하고 나는 아이와 함께 군산행 버스에 올라탔다. 다행히 아이가 적절한 타이밍에 잠든 바람에 발표를 들을 수 있었다. 바라면 이루어진다고 했던가. 고바야시 도모코 선생님이 통역을 도와줄 것이라는 연락을 받았다.

서울 광화문 교보문고에서 2017년 8월 6일 오전 10시 무렵 히구치 선생님 일행을 만나 인터뷰 장소로 걸음을 옮겼다. 예상했듯이 통역자 없이는 어떠한 의견도 나눌 수 없었다. 히구치 선생님은 "오후에 다른 일정이 있으니 1시간 반 정도만 인터뷰를 하면 좋겠다"고 말했다. 통역 시간을 감안하면 실질적으로 대화를 나눌 수 있는 시간은 40여 분에 불과했다. 다음은 선생님과 나눈 일문일답이다.

－도쿄 고려박물관에서 산업위안부 관련 전시를 8월 30일~12월 28일 한다고 들었습니다.

일본에 많은 산업위안부가 있었다는 것을 확인할 수 있습니다. 다만

산업위안부 논문을 발표한 히구치 유이치 연구자.

자료 자체가 많이 없습니다. 그럼에도 산업위안부의 존재를 알리려고 기획전 '조선요리점·산업위안소와 조선 여성들'을 엽니다. 식민지 시절 가장 약한 처지에 놓였던 여성들의 실상을 알리고 싶습니다.

−한국인 위안부 연구자 중 산업위안부를 잘 아는 분이 별로 없더군요.

한국에서 논문을 쓰신 분은 한 분밖에 없는 걸로 압니다. 정부 기관에서 일하던 조사관인 걸로 기억합니다. 정혜경 씨가 잘 알고 있을 겁니다.

−어떻게 이 일을 하게 됐습니까?

20년 전 후지코시, 미쓰비시 기업에 강제연행된 여자근로정신대에 대한 논문을 썼습니다. 원래는 여성 농민을 연구해왔는데 연구를 위해 신문 사료를 많이 보던 중 산업위안부에 대한 기사를 읽고 그 존재를 알게 됐습니다. 당시만 해도 여자의 강제연행에 대해서는 잘 모르는 상태였지요. 그래서 이 문제를 논문으로 발표했습니다.

－당시 어떤 연구를 했나요?

농촌 보육 문제를 연구했습니다. 전쟁 중이라 남자들이 전장으로 나갔고 여자들이 일을 많이 했습니다. 일제는 탁아소를 운영함으로써 농촌 여성의 노동력을 확보했지요. 여성들은 논농사를 지을 때도 맨살을 드러내지 않았는데 이런 여성의 생활상에 대해 연구했습니다.

－누군가로부터 산업위안부에 대한 이야기를 들은 건 아닌가요?

산업위안부에 관한 증언은 없습니다. 자료 안에서 그들을 발견해 연구를 시작했을 뿐이지요. 나는 이들을 산업위안부라고 부릅니다. 이 개념은 내가 처음으로 만들었고, 다른 연구자들도 사용하기 시작했습니다. 1992년 처음으로 썼습니다. 「조선요리점여성과 '산업위안부'」란 논문이 그것입니다. 이 표현이 좋은지 나쁜지 잘 모르겠는데 여러 가지를 생각해야 하는 단어입니다.

－산업위안부란 무엇인가요?

산업위안부란 산업시설에 동원된 위안부를 말합니다. 자료에 따르면 산업위안부는 일본 회사가 의뢰해 조선인 업자를 통해 모집한 경우가 많았습니다. 당시에는 작부라고 불렀습니다. 산업위안부가 동원된 방식은 두 가지로, 일본 내 조선요리점에서 일하다 동원되거나, 조선에 살다 동원된 여성이었을 것입니다.

－기획전에 대한 설명을 부탁드립니다.

기획전에는 산업위안부의 존재를 증명하는 사료가 전시됩니다. 일본

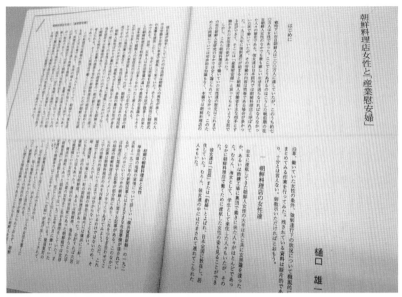

히구치 유이치 연구자가 1992년 펴낸 논문 「조선요리점여성과 '산업위안부'」.

정부가 조선에서 산업위안부 모집과 알선에 관여했다는 공문서도 소개합니다. 대표적으로 1944년 돗토리현의 다케시마 가즈요시 지사가 일본 정부 내무상과 조선총독부 경무국장에게 보낸 공문서 「반도인(조선인) 작부 유입과 가동 상황에 관한 건」이 있습니다. 경시청 연표에도 그 증거가 있고요. 연표에 따르면 당시 도시의 조선요리점에서 매춘을 하는 사람들이 존재했습니다. 그런 여성들이 일하는 장소를 바꾸라거나, 이런 여성을 공장이라든가 비행장 같은 남자가 일하는 곳에 보냈다는 기록을 찾았습니다.

-그 기록은 새로이 발견한 건가요?

도서관에 공개된 자료집에서 볼 수 있는 기록이지만 그동안 알려지지 않았습니다. 이 내용을 기획전에서 소개할 것입니다. 문제는 산업위안 부 당사자의 증언이 없다는 점입니다.

–두 자료는 선생님이 찾았나요?

고려박물관 연구팀이 조사하면서 발견했습니다. 일본의 시민운동이 찾은 것입니다. 아직 모르는 것도 많이 있습니다. 이제부터 깊게 자세히 조사해야 합니다. 조선요리점에서 일하면서 매춘업에 종사한 여성들이 일본에 많이 있었습니다. 1930년대 요리점에서 일하던 여성들이 1940년대 일하는 장소를 옮겨 산업위안부가 됐습니다. 산업위안부의 존재는 경찰사료에서도 확인할 수 있지요. 지방 여성들이 버스를 타고 이동하고 있었는데, 버스 운전기사가 그런 여성을 많이 차별하자 여성들이 그에게 항의했다는 기록이 있습니다.

–그 여성들이 산업위안부라는 건가요?

그렇게 생각합니다. 당사자 자신이 항의하는 것이 중요하다고 봅니다. 일제에 투항하는 과정에서 여자는 여자가 할 수 있는 방법으로 일제에 저항했습니다.

–이 같은 사료를 찾은 조사팀은 언제부터 몇 분이 운영했나요?

고려박물관에 조선여성사연구회가 있습니다. 이 선생님들이 조사했지요. 2015년부터 8명이 함께하고 있고 이들 중에는 가정주부가 많습니다. 나를 빼면 모두 여성이고, 재일조선인 여성 2명이 함께합니다. 역사 인식은 시민 자체가 생각할 때 생깁니다.

–어떤 의미인가요?

시민들이 연구하는 과정에서 얻게 된 사실을 바탕으로 시민들의 역사

인식이 바뀐다고 봅니다. 한국에서도 촛불집회를 하면서 시민 인식이
고양되지 않았습니까. 일본에서도 시민들의 활동으로 역사 인식이 바뀌
어가고 있습니다. 기회가 되면 기획전에서 만납시다. 한국인 통역자도
얼마든지 있습니다.

아쉽게도 나는 이 전시에 가지 못했다. 다민『한겨레』(2017년 8월 14
일, 조기원 기자)에 실린 '홋카이도 탄광마을에 조선 여성 있는 산업위안
소 있었다'를 읽으며 실상을 짐작할 수 있었다. 해당 기사를 쓴 기자는
아시베쓰에 남은 역사의 흔적을 찾아 기록으로 남겼다. 기사는 "일제
강제노동 조선노동자들이 지옥노동 끝에 도주가 속출하자 미쓰이 등 재
벌기업이 적극 개입해 일본 산업시설 곳곳에 위안소를 개설했다. 하지
만 식민통치 말단의 피해자 여성들이 어떤 경로로 와서 어디로 갔는지
기록도 거의 남지 않은 채 묻혔다"는 내용이다.

  11일 일본 홋카이도 아시베쓰의 향토 박물관인 호시노후루사토
  (별이 내리는 고향) 백년기념관의 하세야마 다카히로 관장은 언덕 위
  의 작은 집을 손으로 가리켰다. 지금은 민가로 변한 이 빨간 지붕
  건물이 홋카이도에 남은 유일한 '산업위안소' 흔적이다.
  일본은 중일전쟁과 태평양전쟁 시기 탄광 등에 강제동원한 조선
  인 노동자들이 가혹한 노동환경을 견디지 못하고 도주하는 일이 속
  출하자, 조선인 여성을 모아 성매매를 강요하는 이른바 '산업위안
  소'를 만들었다. 일본의 대표적 재벌기업 미쓰이가 1992년까지 탄
  광을 운영했던 아시베쓰에 산업위안소가 있었다는 사실은 마을 사
  람들이 60년대부터 증언을 하면서 조금씩 알려졌지만, 이곳으로 끌
  려왔던 여성들의 목소리나 그들의 구체적 사연은 아직 밝혀지지 않

앉다. (중략) 증언들을 종합해 보면, 아시베쓰탄광에는 1944년께 산업위안소가 만들어졌고 일본이 태평양전쟁에서 패전한 뒤인 1945년 이후 없어진 것으로 보인다.

산업위안소는 일본 정부의 묵인 또는 조장하에 기업이 업자에게 의뢰해 만드는 경우가 일반적이었다. 산업위안소는 규슈와 후쿠시마, 홋카이도 등 탄광 채굴과 토목공사 등이 벌어진 일본 전역에 세워졌고, 일본 남부 등 재일 조선인이 비교적 많았던 지역에서는 기존 조선요리점을 업체가 활용하는 방식이 많았다. 후쿠시마현과 이바라키현에 걸쳐 있는 조반탄광의 노무관리자가 "회사가 매춘을 하는 곳을 지정했다. 조선 여성들이 상대해줬다"고 회상한 기록이 남아 있다.

홋카이도에서는 일본 기업이 적극적으로 관여한 정황이 좀 더 분명히 드러난다. '개척지'였던 홋카이도 거주 조선인이 전체 재일 조선인 수에서 차지하는 비중은 1934년 1.7%에 불과했으나 39년 '국민징용령'을 통해 이곳으로 강제징용한 조선인 노동자가 급증하면서 42년엔 4.1%로 늘어났다. 기업은 조선인 남성들이 급증하자 적극적으로 개입해 위안소를 설치하기 시작했다. 홋카이도탄광기선이 운영한 유바리탄광에서는 기업이 업자에게 위안소 건물을 무상 대여하고 물자까지 배급했다.

하세야마 관장은 "미쓰이가 아시베쓰탄광 위안소에 대한 기록을 갖고 있었지만 없앤 것이 아닌가 싶다"고 말했다. 미쓰이는 지역 탄광회사인 아시베쓰탄광으로부터 1944년 탄광을 인수하면서 땅과 시설을 모두 매수했다. 미쓰이 허가 없이 위안소를 운영하는 일은 불가능했을 것으로 보인다. (중략)

아시베쓰 위안소의 조선 여성들이 어떤 경로로 홋카이도까지 왔고, 위안소가 폐쇄된 뒤 어디로 갔는지는 알 수 없다. 치마저고리를 입었고 손짓 발짓으로 옷 수선을 부탁했다는 점으로 미루어 조선 출신으로 일본어를 거의 하지 못했던 이들로 추정할 수 있다. 머나먼 홋카이도의 탄광에서 혹독한 노동을 한 조선인들, 일본 당국이 그들의 노동을 효율적으로 착취하기 위해 동원한 조선 여성들은 일본 식민통치의 가장 말단의 피해자들이었다. 그들의 비극은 기록도 제대로 남지 않은 채 희미한 흔적으로만 이곳에 남아 있다.

　　　－『한겨레』의 '홋카이도 탄광마을에 조선 여성 있는 산업위안소 있었다'
　　　　　　　　　　　　　　　　　　　　　　　　　(2017년 8월 14일)

고려박물관 기획전을 참관한 기사도 나왔다. 기획전이 열리고 50여 일 만에 2017년 10월 19일 KBS '日 탄광에까지 조선여성 동원…"산업위안부 4천~5천 명 추정"'(이승철 기자) 기사가 보도됐다. 내용은 다음과 같았다.

(앵커) 태평양전쟁 말기, 일본 탄광 등에는 탄광 근로자들을 대상으로 한 위안소도 상당수 만들어졌습니다. 일본 정부의 허가를 받아 기업이 만든 곳들인데 조선에서 데려온 여성도 상당수 있었다고 합니다. 일본에서 처음 열린 산업위안부 관련 전시회에 이승철 특파원이 다녀왔습니다.

(리포트) 탄광에 조선요리점, 이른바 위안소를 허가하기로 했다는 1940년도 홋카이도 지역 신문 기사입니다. 광부 500명당 1개꼴이라고 전하고 있습니다. 침략 전쟁을 위한 전시체제로 들어가면서 일본에 노동력 부족 현상이 심해지자 동원된 것은 조선 징용자들이

었습니다. 그리고 이들 징용자들을 통제하기 편하게 만든 것이 '위안소'입니다.

(인터뷰) 와타나베('산업위안부' 연구자) : "회사 요청이라는 명목 아래 무리하게 만들어진 것입니다."

모든 것이 배급체제로 전환되고 일반 술집 등은 폐쇄했지만 탄광이나 공장 지역에는 위안소를 열게끔 정부가 허가를 내줬습니다. 당시 홋카이도에 있던 한 탄광의 숙소 지도입니다. 광부 숙소와 함께 위안소가 자리잡고 있음을 알 수 있습니다.

(인터뷰) 와타나베 : "가장 눈에 띄지 않는 구석에 위안소 3곳이…."

일본 시민그룹의 조사 결과 홋카이도에만 20여 곳의 산업위안소가 있었던 것으로 드러났습니다.

(인터뷰) 히구치(일본 중앙대 위안부 연구자) : "탄광이 위안소를 설치할 장소를 제공했고, 또 위안부의 위생 검사를 하면서 관리했죠."

일본 전국적으로 4,000~5,000명의 산업위안부가 있었던 것으로 추정되고 있습니다.

군위안부와 달리 존재 자체가 잘 알려지지 않았으며 산업위안부와 관련한 증언 수집이나 연구가 제대로 진행되지 않은 상태입니다.

문제는 기록이다. 『한겨레』 기사도, KBS 기사도 맺음말은 같았다. 산업위안부와 관련된 증언 수집이나 연구가 제대로 진행되지 않은 상태라는 것이다. 히구치 선생님은 기획전을 소개하는 『한겨레』와 인터뷰 (2017년 8월 14일) 자리에서 이런 이야기를 남겼다.

"산업위안부 연구는 진척이 많이 되지 않았다. 이런 연구를 해서는 일본 학계에서 평가받지도 못하고 돈벌이도 되지 않기 때문이다. 헤이트 스피치(일본 우익의 조선인 등에 대한 혐오 발언)가 벌어지는 무대인 신오쿠보에서 이런 전시를 하는 것 자체가 매우 용기가 필요한 일이기도 하다."

하시마 요시다 집에서 조선인 여성 9명이 검진하러 왔었다

우리 정부 노무위안부 보고서, 고려박물관 산업위안부 전시 도록

2017년 8월, 나는 히구치 선생님의 제안대로 정혜경 연구자에게 연락했다. 히구치 선생님이 "정혜경 연구자에게 물어보면 다 알 거다"라고 말한 데는 그만한 이유가 있다. 2004년 11월 출범한 국무총리 산하 '대일항쟁기 강제동원피해조사 및 국외강제동원 희생자 등 지원위원회'가 2015년 6월 말 12년간의 대장정을 마무리할 때까지 조사 작업을 이어온 연구자 2명 가운데 한 사람이기 때문이다(나머지 한 사람은 허광무 연구자다).

정혜경 연구자의 위원회 활동을 정리한『동아일보』인터뷰 기사에 따르면 "그동안 위원회는 총 34만 건에 이르는 강제동원 피해 조사 자료를 만들어 전산화 작업을 마쳤다. 6,200억 원에 이르는 강제동원 위로금도 피해 유족에게 지급했다. 위로금 전달 건수로 헤아리면 7만 6,000건이 넘는다. 미쓰이, 미쓰비시 등 일본 주요 그룹 계열사를 포함해 지금도 존재하는 일본 회사 103곳이 전범 기업임을 입증하는 성과도 냈다"고 한다.

정혜경 연구자는 자료 수집 능력이 뛰어나다. 그가 위원회의 정부 보고서를 꾸준히 업로드한 네이버 카페 '일제강제동원 평화연구회'(cafe. naver.com/gangje)를 보면 위원회 활동을 이어받은 행정안전부 과거사 관련업무지원단 홈페이지(www.pasthistory.go.kr)보다 자료가 풍부하

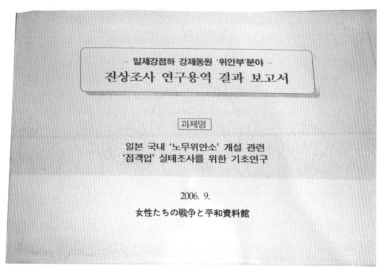

우리 정부가 2006년 발간한 산업위안부 관련 보고서.

다. 그는 이외에도 수집되지 않은 자료까지 일일이 기억하고, 보관해두고 있다. 한일 과거사를 연구하는 사람이 그의 저작을 반드시 읽어야 하는 것도 그래서다.

2017년 8월 초 안해룡 감독을 만났다. 정혜경 연구자가 우리 정부에서 발행한 노무위안소 보고서를 그에게 건네줬기 때문이다. 정부가 이 보고서를 진상보고서 정규 자료집 형태로 발간하지 않은 터라 일반 연구자가 이를 찾기는 쉽지 않다. 안 감독은 자료를 PDF로 재가공해 관련 연구자에게 다시 배포한다. 그래서인지 정혜경 연구자는 그에게 종종 자료를 제공한다. 자료 확보가 곧 연구자의 능력으로 평가받는 시대에 이런 품앗이는 쉽게 볼 수 없다.

1995년부터 한국, 중국, 일본에 있는 일본군 위안부 피해자들을 기록해온 안 감독은 다큐멘터리 「나의 마음은 지지 않았다」(2007)를 만들었다. 이 작품은 일본군 위안부 문제로 분투하는 송신도 할머니의 재판과 투쟁을 다뤘다. 안 감독은 현재 북한의 일본군 위안부 피해 여성들의 목소리를 담은 다큐멘터리 「분노—우리는 침묵하지 않는다」(가제)를 만들고 있다. 그는 일본 포토저널리스트 이토 다카시가 기록한 북한의 일본군 위안부 피해 여성들의 목소리를 재가공하는 한편, 그간 우리 정부와 시민사회에서 만들어온 위안부 기록을 정리하며 위안부 문제의 문맥 읽기를 시도한다. 일본 현장은 물론, 위안부 세미나에 참석해 관련 자료집을 챙겨와 연구자들에게 나눠주는 그의 성실함은 볼수록 놀랍다.

그가 내게 보여준 일제강점기 강제동원 '위안부' 분야 진상조사 연구용역 결과 보고서의 과제명은 「일본 국내 '노무위안소' 개설 관련 '접객업' 실태조사를 위한 기초연구」다. 2006년 9월 여성들의전쟁과평화자료관이 발간한 보고서다. 이 결과 보고서는 수집 자료 설명, 여성들의전쟁과평화자료관 조사 결과 보고, 검색 키워드, 기사 제목 목록, 중요 기사 발췌로 구성됐다. 수집 자료 설명은 박정애 연구자가, 여성들의전쟁과평화자료관 조사 결과 보고는 윤명숙 연구자가 번역해 정리했다. 이들은 위안부 연구자로, 위원회 조사관으로 활동했다. 이 보고서에서는 산업위안부 대신 노무위안부라는 표현이 쓰였다.

수집 자료 설명에 따르면 이 과제는 정부에서 수행하고 있는 「전시기 일본 지역 '노무위안소'와 '노무위안부'에 관한 진상조사」 가운데 하나로 이뤄졌다. 노무위안부는 전시기 탄광, 광산 등지에 강제동원된 조선인 남성들로부터 위안 행위를 강요받았다고 알려진 여성들을 말한다. 니시다 히데코 연구자에 따르면 홋카이도에서는 접객점의 신설, 증축, 이전을 인정하지 않았다. 다만 홋카이도 도청은 조선요리옥(노무위안소) 신설을 허가했다. 조선인 접객여성을 조선에서 동원하는 것은 허락하지 않고, 도시에 있던 조선인 접객여성을 탄광 등지로 옮기도록 했다. 이에 이미 들어와 있는 조선인 접객여성에 대해 알아야 했고 전시기 일본에 존재한 조선인 접객점, 조선인 접객여성에 대한 실증자료가 필요했다.

정부는 2006년 4월부터 여성들의전쟁과평화자료관과 협의해(위탁해) 전시기 일본 지역에서 발간된 6개 신문사, 즉 홋카이타임스, 오타루신문, 오사카마이니치신문, 도쿄아사히신문, 오사카아사히신문, 후쿠오카 니치니치신문의 기사를 모니터링했다. 22명의 조사자는 각각 도쿄팀, 오사카팀, 후쿠오카팀으로 꾸려졌고, 2006년 5월부터 9월까지 조사에 참여했다. 결과적으로 1,200여 건의 기사가 수집됐으며, 이 보고서에는 620여 개의 기사목록을 정리한 뒤 중요 기사 66건을 발췌, 첨부했다.

기사 내용을 통해서는 선행연구에 이미 소개된 홋카이도 지역의 '노무위안소' 상황 외에도 규슈의 하시마, 다카시마 등지에 탄광·광산 노동자 대상의 '접객점'이 설치되는 상황을 볼 수 있을 것이다. 그리고 '노무위안소' 설치 이전부터 일본 지역에 들어와 있던 조선인 '접객여성' 관련 기사를 볼 수 있을 것이다. 이들은 대개 취업사기, 인신매매 등의 방식으로 조선에서 끌려왔는데, 일본에서 조선인 여성의 공창(公娼)은 허락되지 않았기 때문에 요리점, 바 등에서 은밀히 성매매를 강요당하는 사창(私娼)의 형태로 있어야 했다. 따라서 범법자로 취급되어 경찰의 눈을 피하는 생활을 했을 뿐 아니라 포주나 성구매자의 폭력에 무력하게 노출되어 있었다. 이들 중 일부가 '노무위안소' 설치 이후 탄광·광산 주변의 '조선요리옥'으로 옮겨 강제동원된 조선인 노동자에 대한 '위안' 행위를 강요받았던 것이다. 따라서 조선인 '접객여성' 관련 기사는 '노무위안부' 실태의 일면을 엿보게 한다는 점에서 중요하다.

−「일본 국내 '노무위안소' 개설 관련 '접객업' 실태조사를 위한 기초연구」 3쪽

탄광·광산 등에 설치된 '위안소' 관련 신문기사 조사 결과 보고는 신문별로 △조사 담당자 △조사 방법·조사 상황·보존 상황 △조사자 의견 및 특이사항 등을 정리하는 방식으로 이뤄졌다. 조사자들은 기사 지면이 더럽혀져 있어 판독할 수 없고, 자료열람 신청 시간이나 인쇄 신청 시간을 비롯해 인쇄비가 많이 드는 점을 안타까워했다. 보고 내용 가운데 조선인과 관련된 내용을 발췌해본다.

『홋카이타임스』
−요리점의 조선인 작부 음독자살 기사나 여급, 창기, 예기, 작부 등의 자살·타살 사건이 다수 보도되어 있었다. 이들 기사를 통해 당시 여성들의 열악한 상황을 상상할 수 있다.

『오타루신문』
−1939.10.13 : 1940년 1월 유바리에 조선요리옥이 생긴다. 유바리탄광의 '반도인'을 위해 조선요리옥을, '반도 산업전사를 접대하기 위해서'라는 기사는 다름 아닌 '노무위안소'에 관한 설명이라고 할 수 있다.

『도쿄아사히신문』
−(1945.8.15 이후) '위안소'라는 말이 8·15 이전 시기에는 말 자체가 전혀 없던 것에 비해, 후에는 진주관과 관련해 특정 지명에 몇

군데 등장한다.

　－조사자 의견 : 기업이 설치한 '위안소'는 일본 정부 주도와 조선 총독부의 협력으로 만들어진 노무관리 정책하에서 구상된 것으로 보인다.

『후쿠오카 니치니치신문』

　－탄갱·광산과 접객업이 연관된 기사는 거의 발견되지 않았다. 다만 탄갱 주변 조선요리옥에서 갱부에 의해 조선인 작부 4명이 살상되었다는 비참한 사건이 보도되었다.(1937.2.10~2.14) 탄갱지대에서 접객업에 종사했던 조선인 여성에 대해 고찰할 필요가 있다.

『오사카마이니치신문』

　－국내 소재 '위안소' 설치에 관한 기사로 나가사키판 기사(1939.5.25, 6.1, 6.26)를 발견했다. 위안소 설치가 확실하다고 확언할 만한 것은 아니지만 거의 확정적이라고 할 수 있는 기사였다.

　－홋카이도에서는 강제연행기에 들어 조선요리옥 등이 탄광 내나 근처로 모아져 위안소가 설치되는 경과를 거친 듯하지만, 지금까지 규슈에서 그러했다는 확증을 얻지 못했다.

　－「일본 국내 '노무위안소' 개설관련 '접객업' 실태조사를 위한 기초연구」

　　　　　　　　　　　　　　　　　　　　　　　　　1~9쪽 중에서

　위안부 연구자의 소결에서 우리의 연구 실태를 점검해볼 수 있지 않을까. 박정애 연구자는 맺음말을 이렇게 썼다. "이 보고서는 우선 '노무위안소' 관련 진상조사의 하나로서 작성되는 것이지만 앞으로 전시기 여

三菱端島《軍艦島》（1869年～1974年）

軍艦島の見取り図

端島（軍艦島）

ここに3軒の遊郭があった。

出典：『原爆と朝鮮人』第4集 1991年

船から見た軍艦島

＊事故、病気や拷問で死亡した朝鮮人労働者は、中ノ島の火葬場で焼いた。遺骨は家族が引き取りに来たら渡すが、中ノ島の旧竪坑跡の中に投げ込んだと言う証言もある。

《軍艦島における朝鮮人の生活》

面積0.1平方kmに満たない小さな島に最大で5300人が暮らしていた。その中には、朝鮮人が500人ぐらい、中国人が250人ぐらい含まれる。

朝鮮人は自由渡航者もいたが、ほとんどが強制連行されて来た。2年の契約満期後、家族を朝鮮から呼び寄せたり、日本で結婚した所帯持ちもいた。日本最古の7階建て鉄筋コンクリート造りを含む、近代的な高層アパートが建ち並んでいたが、周りは十数メートルの高い塀に囲まれているため、下層階の部屋は、一日中太陽があたらず、海が荒れると波しぶきをかぶり、水浸しになった。そんな最下層階には、朝鮮人労働者や下請け労働者の飯場があった。

給料のほとんどは、健康保険・退職積立金・国体会費・国民貯金・寮費などの名目で天引きされた。残りは現金ではなく、島内の炭鉱直営店でしか使えない切符が支給された。解放後、貯金は一円も返還されなかった。

軍艦島の遊郭

軍艦島には、常に遊郭があったといわれている。南部商店街と呼ばれる場所に3軒の遊郭が在った。3軒のうち「本田」と「森本」は日本人用の遊郭、そして「吉田」は朝鮮人用の遊郭だった。吉田で働く遊女もまた朝鮮人の遊女で、戦後も営業を続けていたという。遊郭といっても、一会社の私有地内であり、特に独身炭鉱マンに対しての必要措置的な要素が強かった。

1956（昭和31）年巨大な台風9号が島を襲う。売春防止法が制定された年、その後表向きには、遊女屋や売春宿のたぐいは島内から姿を消した。

「戦時中端島には、森田、本田、吉田（朝鮮人）経営の三軒の店があり、吉田屋から朝鮮人女性9人が受診に来た」（端島診療所代診、金圭沢氏よる）

出典：『死者への手紙』林えいだい 著明石書店 1992年

1937年6月には端島で「酌婦」とされた朝鮮人女性が「リゾール」（クレゾール）を飲み18歳の若さで自殺している。届出人本田伊勢松となっている。

出典：『原爆と朝鮮人』第4集 1991年

千数百名の独身鉱夫に対して料理屋の女性はほとんど20名内外。端島炭鉱の「料理屋」が足りないので高島炭鉱に「歓楽街」を設置して、端島炭鉱の労働者に利用させた。朝鮮人の産業「慰安所」かどうかは不明確である。

35

平屋建てが遊郭であった場所

1956年以前、南部商店街中島屋の看板の家がかつての遊郭「吉田」

出典：『軍艦島入門』黒沢永紀著 実業之日本社 2013年

世界産業遺産になった軍艦島、しかし、目の前に見えるものだけではなく、見えない、語られない地底で過酷な労働を強いられた炭鉱夫たち、とりわけ、日本の植民地支配の下、強制勤員され、民族的差別、厳しい監視を受けながら酷使された多くの朝鮮人たちのこともきちんと伝えていきたい。

고려박물관에서 2017년 펴낸 『조선요리점 · 산업위안부와 조선의 여성들』 도록 35쪽에 군함도 내용이 실렸다.

성 동원이라든가, 일본군 '위안부', 전쟁과 여성인권 관련 연구에 적극적으로 활용되길 기대한다." 윤명숙 연구자는 일본 연구자들의 발언을 이렇게 번역했다. "앞으로도 신문 조사를 계속하면서 위안소 설치에 초점을 두고 기본 자료의 재검토나 구술 조사를 할 필요가 있다고 생각한다." 하지만 보고서가 발간된 2006년 이후 우리나라는 물론 일본에서조차 산업위안부 연구 성과는 눈에 띄지 않는다.

2018년 초 만난 허광무 연구자는 "히구치 선생님이 나와 이 기자에게 선물로 주고 가셨다"면서 고려박물관 산업위안부 전시 도록을 건넸다. 전시를 기획한 히구치 고려박물관 관장이 자료집을 낼 비용이 부족해 형편껏 만들었다는 바로 그 도록이었다. 브로슈어보다 두껍고 보고서보다 얇은 이 도록에는 고려박물관 조사팀이 찾아낸 산업위안부 자료가 지역별로 분류되어 있었다. 군함도 산업위안부 내용은 도록 35쪽에 실렸다. 허광무 연구자가 번역한 도록 내용은 다음과 같다.

−군함도 배치도 맨 왼쪽에 세 채의 유곽(화살표로 표시한 부분)이 있었다.

−면적 0.1㎢도 되지 않는 작은 섬에 최대 5,300명이 살고 있었다. 그중에는 조선인이 500명 정도, 중국인이 250명 정도 포함된다. 조선인은 자유 도항자도 있었지만 대부분 강제연행되어 왔다. 2년 계약 만기 후 가족을 조선으로부터 불러오거나, 일본에서 결혼하여 세대를 구성한 사람도 있다. 일본에서 가장 오래된 7층 높이 철근 콘크리트 건물을 포함한 근대적인 고층 아파트가 늘어서 있었으며 주위는 십수 미터 높이의 벽으로 둘러싸여 있었기에 하층부(아래층 방) 방은 하루 종일 햇빛이 들어오지 않고, 파도가 칠 경우 바

닷물이 넘쳐 흘러 물바다가 되었다. 그런 최하층부 방에는 조선인 노동자나 하층 노동자의 한바(노동숙소)가 있었다.

－전시(戰時) 중 하시마에는 모리타, 혼다, 요시다(조선인)가 경영하는 세 채의 점포가 있었으며, 요시다 집으로부터 조선인 여성 9명이 검진하러 왔었다(하시마 진료소 대진. 김규택 씨의 증언). (출처)『사자에게 부치는 편지』(아카시서점, 1992) 하야시 에이다이

－1937년 6월에는 하시마에서 작부라 하던 조선인 여성이 리졸(크레졸)을 마시고 18세 젊은 나이로 자살했다. 신고자는 혼다 이세마스라고 한다. (출처)『원폭과 조선인 제4집』(1991)

－천수백 명의 독신광부에 비하자면 요리점 여성은 대부분 20명 내외였다. 하시마탄광에 요리점이 모자랐기에 다카시마탄광에 환락가를 설치해 하시마탄광 노동자로 하여금 이용케 했다. 조선인 산업위안부인지 어떤지는 불명확하다.

－사진은 배에서 바라본 군함도.

－사고, 병, 고문 등으로 사망한 조선인 노동자는 나가노시마 화장장에서 태웠다. 유골은 가족이 찾아가기 위해 방문하면 건네주지만 그렇지 않으면 나카노시마의 옛날 수직갱(다테코) 속에 버려버렸다는 증언이 있다.

－건강보험, 퇴직적립금, 국채회비, 국민저금, 숙소비 등의 명목으로 월급에서 사전에 제했다. 남은 돈은 현금이 아니라, 군함도 내에 탄광 직영점에서만 사용할 수 있는 표가 지급되었다. 해방 후 저금은 한 푼도 반환되지 않았다.

-군함도의 유곽

군함도에는 항상 유곽이 있었다고 전해진다. 남부상점가로 불리는 장소에 3채의 유곽이 있었다. 3채 중에 혼다와 모리모토는 일본인용 유곽이었고, 요시다는 조선인용 유곽이었다. 요시다에서 일하던 작부(유녀 · 遊女)도 조선인 여자였고, 전쟁이 끝난 후에도 계속 영업하고 있었다고 한다. 유곽이라고는 하지만 회사 사유지에 있었고, 특히 독신의 탄광 남자들을 위한 필요조치적인 요소가 강했다. 1956년 거대한 태풍 9호가 섬을 몰아닥치는데, 그해가 매춘방지법이 제정된 해로, 최소한 그 후 겉보기에는 작부들이 있었던 요리집이나 매춘굴류의 상점들은 섬에서 사라져버렸다.

-히라야타테 평옥건 단층(2층 이하) 건물이 유곽이었던 장소. 1956년 이전에 남부상점가 사진인데, 나카지마야라고 붙어 있던 집이 이전에 유곽이었다. 이것이 요시다 유곽이었다. (출처) 『군함도 입문 구로사와 기자』(실업의일본사, 2013)

-세계의 산업유산이 된 군함도. 그러나 눈에 보이는 것뿐이 아니라 보이지 않는 전해지지 않는, 지하에서 가혹한 노동을 강요당한 탄광부들. 특히 일본 식민지 지배하에 강제동원되어 민족적 차별, 심한 감시를 받으면서 혹사된 많은 조선인의 일을 분명하게 전해주고 싶다.

나의 위안부 취재는 여기서 멈췄다. 위안부 취재를 지속적으로 하고 싶지만 어떤 취재를 어떻게 해야 할지 모르겠다. 실은 2017년 9월에 위안부 생애사 책 집필을 시도했다. 전남 담양에 가서 광주지역의 마지막 위안부 생존자인 곽예남 할머니를 만났다. 중국에서 살다 2004년 MBC

프로그램 「느낌표」 출연을 계기로 한국에 온 할머니의 '피해기록'은 빈약했다. 학생, 문인, 정치가들이 할머니를 위문했다는 뉴스가 대부분이었다. 결국 책에 실을 할머니의 피해 사실이 부족해 곽예남 할머니 책을 만드는 일을 접었다.

나는 위안부 기사가 다양해져야 한다고 본다. 중·고교 학생들이 학교 곳곳에 위안부상을 세우는 건 위안부에 대한 관심이 많다는 뜻이 아닐까. 사람들이 위안부를 기리는 미니어처 소녀상, 위안부에게 기금이 전해지는 휴대전화 케이스를 사려고 지갑을 선뜻 여는 건 위안부를 생각하는 마음이 크다는 의미가 아닐까.

"일본 정부가 사죄해야 한다"고 외치는 위안부 모습만이 위안부 사안의 전부는 아니다. 위안부를 둘러싼 다양한 현실과 역사가 있다. 이 역사가 반복되지 않으려면 그간 일어났던 일들을 기록해 일본 정부가 잘못을 인정하게 만들어야 한다. 위안부가 참혹하게 피해당한 사실조차 챙기지 못하는 우리가 부끄럽다.

일본 정부가 군함도 피해자 기록을
요구할까 봐 겁난다

　일본 정부가 적극적으로 추진한 군함도(하시마) 등 메이지 산업유산은 2015년 유네스코 세계유산으로 등재됐다. 일본 정부는 등재 직전 이 지역에 강제동원이 있었음을 언급했지만 그 뒤로는 감감무소식이다. 도쿄 정보센터에 관련 내용을 소개한다고 하지만 어떤 내용을 얼마나 실을지 의문이다. 많은 사람은 일본 정부가 "전체 역사를 알게 하라"는 유네스코 측의 권고를 얼마나 이행할지 주시할 것이다. 나도 마찬가지다.

　아울러 우리는 우리 정부가 어떻게 대처하는지 지켜봐야 한다. 많은 사람이 이 부분을 놓치고 있다. 나 역시 이 일을 취재하지 않았더라면 몰랐을 것이다. 애초 이 기획은 생존자 몇 명만 인터뷰하고 끝내면 될 일이었다. "'문화' 군함도를 '역사' 군함도로 만들자"는 기획에서 가장 중요한 것은 생존자의 목소리이기 때문이다. 나는 우리 정부가 조사한 군함도의 피해 조사 기록이 필요했다. 개괄적으로나마 그 기록을 활용해　내가 만난 피해자들의 특성을 해석하기 위해서였다. 하지만 정부가 몇 달이 지나도록 하시마 피해자들의 조사 기록조차 찾지 못하는 모습에 할 말을 잃었다.

　아마도 이 일을 담당해온 정부 기관인 대일항쟁기위원회가 사라졌기 때문일 것이다. 국무총리 산하 대일항쟁기 강제동원피해조사 및 국외강제동원 희생자 등 지원위원회(이하 대일항쟁기위원회)는 2004년 11월 출범해 2016년 6월 말 활동을 종료했다. 이후 행정안전부 과거사관련업무지원단(대일항쟁기강제동원피해조사연구과, 대일항쟁기 강제동원 피해지원과 등)이 관련 업무를 이어간다지만 자세한 내용은 알 수 없다. 나는 군함도 피해 조사 기록을 대하는 과거사관련업무지원단을 보고 그 실체를 실감했다.

우리 정부는 일본 정부가 강제동원 역사 현장을 유네스코 산업유산으로 등재하려 할 때도 대응하지 못했다. 적극적으로 목소리를 낸 기관은 민족문제연구소와 근로정신대할머니와함께하는시민모임이다. 영화「군함도」개봉 후 군함도의 유네스코 세계유산 등재 문제가 불거졌지만, 과거사 관련업무지원단이 한 일은 군함도 피해자 유족만이 아니라, 그동안 행사에 동원된 강제동원 피해자 유족을 다시 불러내 시사회를 연 것뿐이다.

나는 일본 정부가 군함도 등 메이지 산업유산 지역의 강제동원을 인정할까 겁난다. 일본 정부가 군함도의 강제동원 역사를 인정하면서, 한국 정부에 그동안 조사한 군함도 피해자 수를 묻는다면 우리 정부는 답할 수 있을까. 일본 정부가 우리 정부에 군함도 피해자 구술기록을 묻는다면 우리 정부는 그 자료를 찾을 수 있을까. 지금 같은 상황이라면, 우리 정부는 그 일을 해내지 못할 것이다. 한동안 한일 과거사 문제를 취재해온 기자로서 감히 확신한다.

이런 아쉬움 때문에 책을 썼다. 언젠가 정부가 군함도 생존자 피해 조사 기록 내용을 공개해주길 기다린다. 그 정보를 바탕으로 나는 더 자세한 기록을 써나갈 것이다. 우리는 일본 정부가 강제동원을 인정하며 이러한 역사적 사실을 고지할 것을 기대한다. 그 기대가 현실이 되어 일본 정부가 군함도 표지판에 강제동원 사실이 있었다고 한 줄 넣어준다면, 뭐가 달라질까. 세계인이 그 한 줄을 보고 강제징용자들의 아픔을 느낄 수 있을까.

나는 강제동원의 역사를 기록해 세계에 알리자고 제안하고 싶다. 이 책에 나의 사적인 이야기를 많이 담은 것은 군함도에 대한 팩트가 부족했기 때문이다.

일본 정부가 강제동원을 인정하든, 안 하든 정부 자료를 보완해 군함도 피해 사실을 알리는 책을 쓰고, 또 그 책을 영어로 번역해 미국 온라인서점 아마존에서 팔고 싶다. 동시에 내가 찍어온 영상을 유튜브에 올려 세계인이 그 사실을 알 수 있게 돕고 싶다. 이 일을 혼자 할 수 있다고 생각지 않는다. 많은 사람의 뜻과 도움이 절실하게 필요하다. 일본 시민단체 강제동원 진상규명네트워크와 한국 민족문제연구소가 공동으로 만든 『일본의 메이지 산업혁명 유산과 강제노동』 소책자를 보면 한일 시민이 이 일을 함께 해낼 수 있다는 확신이 든다.

개인의 영달 때문이 아니다. 어르신들의 이야기를 세계인에게 알리겠다고 약속하며 인터뷰를 진행했으니 그 약속을 지켜야 한다. 두 아이를 키우는 아줌마 기자로서 생명을 키워내기는 힘들지만 그만큼 생명을 귀하게 여기며 나아갈 것이다.

다음 글은 브런치(brunch.co.kr/@dolphinhohoho)에 올린 것이다. 행정안전부 수장인 김부겸 장관에게 군함도 기록을 찾아달라고 쓴 호소문이다. 공공장소에서 의로운 일을 해내 포털사이트 실시간 검색어에도 오르내리는 김부겸 장관. 그가 이 일을 해내길 바라며 이야기를 마친다.

군함도(하시마) 논쟁이 한창입니다. 저도 한마디 거들겠습니다. 영화를 잘 만들었네 못 만들었네, 영화관을 독점했네 안 했네… 이런 건 잘 알지 못해 쓰지 못합니다. 다만 풀리지 않은 의문점을 이번 기회에 짚

어보고자 합니다. 취재기 쓰다 말고 이런 글을 쓰는 건 지금이 적기라고 생각하기 때문입니다. 군함도 논쟁의 외연이 넓어지면 좋겠다는 마음도 듭니다. 이 글을 김부겸 행정안전부 장관님이 꼭 읽어주시면 좋겠습니다.

장관님, 결론부터 말씀드리면 우리 정부는 군함도 피해자의 평균 동원 기간은 물론, 평균 동원 연령도 모릅니다. 정부는 그간 국외 강제동원 중 사망자(유족)에게는 위로금 2,000만 원, 강제동원 중 부상자(유족)에게는 위로금 300만~2,000만 원, 신고 당시 생존자에게는 매년 2월 의료지원금 80만 원 등을 지급해왔습니다. 군함도 피해자도 예외가 아니지요. 하지만 현재 과거사관련업무지원단에서 일하는 관료들은 그중 몇 명에게 위로금을 줬고, 몇 명에게 의료지원금을 줬는지 파악할 수 없다고 합니다. 비율조차 알아볼 수 없다고 하네요.

제가 애초 궁금했던 건 하시마 피해자 중 현재 생존자 수, 정부에 접수된 하시마 피해자 신고 수, 하시마 피해자 정부 구술기록이었습니다. 하지만 정부 관료들은 "'하시마 생존자 15명의 (간소한) 기록', 생존자 2명의 연락처 이외에 나머지 자료는 찾을 수 없다, 알 수 없다"는 태도로 일관했습니다. 피해자의 이름, 본적을 비롯해 지극히 사적인 정보를 제외하고 요청했는데도 마찬가지였습니다. 점점 더 알고 싶어졌습니다.

그래서 다각도로 취재해 정부가 하시마 피해자로 인정한 112명의 접수번호/이름을 확보했습니다. 그리고 이들의 본적(시군구까지)/생년(연도)/동원일/귀국 날짜/동원 기간/동원 형태 : 임금, 저축 여부, 근무시간/폭행 여부 등 관련 자료 현황(명부나 문서, 구술기록 등)/사할린 이중동원(동원 여부, 사할린 기업, 사할린 이중 동원 시기)/피해 유형(생존, 현지사망, 행방불명, 귀환 후 사망)에 대해 물었습니다. 이 모두를 얻을 수 없다면 일부라도 받아내 하시마 피해자에 대해 알리고 싶었습니다. 요즘 유행하는 디지털 기사, 그래픽 기사도 쓰고 싶었습니다.

하지만 관료들은 "내용이 방대한 데다 '개인정보'이므로 알려줄 수 없다"고 했습니다. "이 논리대로라면 우리의 강제동원 역사는 개인정보라는 이유로 기록될 수 없는 것 아닌가"라고 되묻자 관료는 책임을 회피했습니다. 그리고 이런 말을 덧붙였습니다.

"영화 만드는 사람들도 이 정도로 자료를 요구하지 않았다. 이렇게까지 자료를 요구하는 기자는 처음 본다. 그때 자료(하시마 피해자 15명의 간단한 피해 조사 기록) 정도 받았으면 됐지 뭘 더 요구하는가."

네, 좋습니다. 그렇다면 생존자 수, 신고 건수 같은 간단한 수치 자료는 정확하게 받을 수 있는지요. 장관님, 피해 접수가 끝난 상태에서 군함도 생존자 수가 늘어나는 이 상황을 어떻게 봐야 할까요.

대일항쟁기위원회가 2015년 6월 2일 청와대에 제출한 '일본 유네스코 등재 강제동원 기업에 동원된 피해 생존자 현황'에 따르면 하시마탄광 생존자는 5명입니다. 반면 대일항쟁기위원회 활동이 종료된 뒤 이 업무를 이어받은 행정자치부 과거사관련업무지원단은 군함도 생존자 수를 6명으로 봅니다.

김부겸 행정안전부 장관님이 하시마 생존자와 함께 영화 「군함도」를 본 상황을 기록한 한국일보(2017년 7월 26일) 기자도 '살아 돌아온 사람 중 현재 생존자는 6명뿐'이라고 썼더군요. 연합뉴스(2017년 7월 26일) 기사는 '행정안전부는 현재 국내에 있는 군함도 생존자는 6명'이라고 전했고요.

생존자를 6명이라고 보는 건 올(2017년) 2월 정부로부터 의료지원금을 받은 군함도 생존자가 6명이기 때문일 겁니다. 하지만 엄밀히 말해 생존자는 6명이 아닙니다. 과거사관련업무지원단 관계자는 "6명 중 3명과 연락이 닿았지만 나머지 3명과는 연락이 되지 않아 생존 여부를 알려줄 수 없다"고 밝혔습니다. 정부와 연락이 닿는 3명은 최근 언론에 군함도 생환자로 소개된 최장섭, 이인우 어르신, MBC 「무한도전」에 출연한 김형석 어르신입니다.

정부 관료들은 연락이 닿지 않는 3명의 생사는 확인했는지요. 정부 시스템상으로 피해자의 생사를 확인할 수 없다면 담당자가 발품을 팔았습니까. '연락이 안 되는 군함도 피해자'의 집에 찾아가 생사만이라도 확인했는지 묻고 싶습니다. 만약 그렇지 않다면 '생존자 6명'이란 표현이 사용되는 걸 방조해서는 안 되겠지요. 이 작업을 하셨는데 제가 미처 몰랐다면 말씀해주십시오. 정중히 사과드리겠습니다.

아울러 하시마 피해 신고 건수도 궁금합니다. 2012년 대일항쟁기위원회 정부 보고서는 하시마 피해 신고 건수를 134건(신고 당시 생존자 수 43명)으로 적시했습니다. 하지만 2015년 5월 27일 대일항쟁기위원회의 '유네스코 일본 산업혁명유산 등재 신청 대응 관련' 보고서에 따르면 하시마 피해 신고 건수는 112건(신고 당시 생존자 46명)입니다. 반면 올(2017년) 6월 말 통화한 행정안전부 과거사관련업무지원단 담당 과장은 하시마 피해 신고 건수를 134명으로 파악했습니다. 미시적(?)인 내용을 알 수 없다면 생존자 수, 신고자 수 같은 거시적(?)인 데이터라도 정확히 알고 싶습니다.

군함도 피해자 구술기록은 없다?

장관님, 우리 정부는 군함도 피해자 구술 '정부 기록'을 찾지 못합니다. (2017년) 3월 행정자치부 과거사관련업무지원단에 연락했습니다. 먼저 조사관에게 전화했고, 이후 과거사관련업무지원단에서 과장을 만나 부탁했습니다. "정부가 군함도 피해자에 대해 축적한 자료(구술기록, 영상기록 등) 일체를 찾고 싶습니다." '일체'라는 단어가 거창하게 느껴지시겠지요. 올 4월 말 저는 군함도 피해자 15명의 (간단한) 피해 조사 기록과 군함도 생존자 2명의 연락처만 받았습니다. 담당자가 그러더군요. "우리는 이것 이외에는 하시마 피해자 구술기록을 찾을 수 없다."

수긍할 수 없었습니다. "대일항쟁기위원회에서 일하면서 군함도 피해자를 인터뷰해 구술기록으로 남겼다"는 분을 만났기 때문입니다. 이분은 "군함도 피해자를 인터뷰하는 모습을 영상으로 기록한 자료도 있을 것"이라고 하더군요.

게다가 하시마 관련 정부 보고서에는 '군함도 피해자 구술기록'이 언급돼 있습니다. 하시마에 관한 '유일한' 정부 보고서 '사망기록을 통해 본 하시마 탄광 강제동원 조선인 사망자 피해실태 기초조사'(2012, 윤지현, 대일항쟁기위원회)는 이〇옥/박〇구 구술자료, 최〇조/김〇조/김〇갑/장〇식의/박〇익/윤〇병/김〇석/문〇진/김〇용/류〇웅/김〇호/장〇복/윤〇일/황〇옥/윤〇철/팽〇규 피해 조사 기록을 인용했습니다.

이 보고서의 각주를 보니 낯익은 책이 보였습니다. 바로 『지독한 이별―사할린 이중징용 진상조사 구술 기록』(2007). 대일항쟁기위원회가 발간한 책이었습니다. 저희 집에 있는 이 책에는 사할린으로 갔다가 군함도로 간(이중 배치된) 문갑진(2007년 책 발간 당시 90세), 황의학(2007년 책 발간 당시 87세) 어르신의 구술이 수록돼 있었습니다. 비매품인 이 자료를 일반인이 찾을 수 있을지 모르겠습니다.

김부겸 행정안전부 장관님. 영화 「군함도」 시사회에서 군함도 생환자와 함께 영화를 보신 분이니 군함도를 모른 척하지 않으시겠지요. 장관님은 이날 이런 좋은 말씀을 하셨습니다.

"국민이 영화 「군함도」를 보고 일제 강제동원 피해자의 고통과 아픔을 이해하고 공감하는 계기가 됐으면 한다. 정부는 피해자와 가족의 어려움을 살피고, 국민 눈높이에 맞는 과거사 청산에 최선을 다하겠다."

저는 장관님께 여쭙고 싶습니다. '진정성 있는 분'이라고 생각해 드리는 질문입니다.

"행정안전부와 과거사 청산은 어떤 연관성이 있습니까. 과거사관련업무지원단은 어떤 역할을 하는 곳입니까."

행정안전부 과거사관련업무지원단 홈페이지에는 주요 업무를 '강제동원 관련 기록물 수집 및 분석—강제동원 관련 국내외 기록물을 수집 분석하여 강제동원 피해 사실을 규명하고, 피해 조사 및 위로금 지급의 근거 등으로 활용(법 제8조)'이라고 써뒀더군요.

장관님, 과거사관련업무지원단 관계자들 말마따나 이곳이 대일항쟁기위원회가 하지 못한 나머지 일을 처리하는 곳에 불과하다면 이 같은 거창한 설명은 수정해주십시오. 저는 군함도 피해 조사 기록조차 챙기지 못하는 우리 정부가 진심으로 부끄럽습니다. 다만 과거사 청산을 이끌 새로운 행정안전부 수장만큼은 진심으로 존경하고 싶습니다.

참고문헌

단행본

가야노 죠지 · 히라노 노부토, 『생명의 끈 함께 이어』, 나가사키신문사, 2011

가와다 후미코, 『빨간 기와집』, 꿈교출판사, 2014

고나무, 『아직 살아있는 자 전두환』, 북콤마, 2013

김민철 · 김승은 외, 『군함도 끝나지 않은 전쟁』, 생각정원, 2017

나가사키재일조선인의인권을지키는모임, 『군함도에 귀를 기울이면』, 선인, 2017

민족문제연구소 · 강제동원 진상규명네트워크, 『일본의 메이지 산업혁명 유산과 강제노동』, 민족문제연구소 · 강제동원 진상규명네트워크, 2017

안재성, 『신불산』, 산지니, 2016

얀 루프-오혜른, 『나는 일본군 성노예였다』, 삼천리, 2018

오카 마사하루, 『오직 한길로』, 세상의 소금, 2015

일제강점하강제동원피해진상규명위원회, 『지독한 이별』, 일제강점하강제동원피해진상규명위원회, 2007

일제강점하강제동원피해진상규명위원회, 『함께하는 진상규명』, 일제강점하강제동원피해진상규명위원회, 2007

논문

강동진, 「산업유산의 세계유산 등재 경향과 논점 분석」, 대한국토 · 도시계획학회지 『국토계획』 제50권 제2호, 2015년 2월

강동진, 「일본 규슈-야마구치 일원 근대화 산업유산군의 세계문화유산
　　　등재에 대한 비판적 고찰」, 대한국토·도시계획학회지 『국토계
　　　획』 제49권 제2호, 2014년 4월

윤지현, 「사망 기록을 통해 본 하시마탄광 강제동원 조선인 사망자 피해
　　　실태 기초조사」, 대일항쟁기 강제동원피해조사 및 국외강제동
　　　원희생자 등 지원위원회, 2012년 5월

일제강점하강제동원피해진상규명위원회, 「일본 국내 '노무위안소' 개설
　　　관련 '접객업' 실태조사를 위한 기초연구」, 일제강점하강제동
　　　원피해진상규명위원회, 2006년

정혜경, 「일제강점기 한반도 강제동원과 미쓰비시」, 부평역사박물관 학
　　　술총서3 미쓰비시를 품은 여백, 사택마을 부평삼릉, 2016년 11월

허광무, 「일제말기 강제동원 조선인 노무자의 미불금 피해 실태-규슈
　　　지역의 미불금 관리 실태를 중심으로」, 『동북아역사논총』 45호,
　　　2014년 9월

허광무, 「히로시마·나가사키 조선인 원폭피해에 대한 진상조사-강제
　　　동원된 조선인 노무자를 중심으로」, 대일항쟁기 강제동원피해
　　　조사 및 국외강제동원 희생자 등 지원위원회, 2010년 12월

히구치 유이치, 「조선요리점여성과 '산업위안부'」, 『해협』 16호 1992. 12. 20

언론 기사

『광주매일신문』 2017년 4월 17일, 이호행 기자, '양심적 지식인 다카자
　　　네 야스노리 별세'

『국민일보』 2017년 8월 14일, 권남영 기자, ' "군함도, 하나만 알아주세
　　　요" 이정현의 값진 진심'

『동아일보』 2016년 7월 5일, 이원주 기자, ' "일제 강제동원 조사 끝내고
　　　현장교육하러 갑니다" 피해조사委서 12년간 활동…정혜경 한일
　　　민족문제학회장'

『매거진D』2017년 2월 1일, 이혜민 기자, '낭만닥터 김사부 강은경 작가 인터뷰 '낭만시대''

『매거진D』2017년 3월 24일, 이혜민 기자, '위안부 논쟁에 대한 또 하나의 시선, 일본정부 예산으로 위안부 지원해온 일본 시민단체의 마지막 행보'

『민중의소리』2017년 12월 5일, 김백겸 기자, '일본 '군함도' 유네스코 보고서에 '강제노역' 아닌 '지원' 표현'

『신동아』2017년 8월호, 배수강·이혜민 기자, '전두환·이순자, 30년 침묵을 깨다! "광주 가서 돌 맞더라도 분 풀린다면…"'

『신동아』2017년 2월호, 이혜민 기자, '위안부 보도로 협박받는 日 언론인 우에무라 다카시 "고노담화 정신 지켜야 위안부 해결"(일본군 위안부에 사과)'

『신동아』2017년 1월호, 이혜민 기자, '기억하고 싶지 않은 '기억의 터' "당신 엄마가 위안부라면 이름 남기고 싶겠나"'

『신동아』2016년 8월호, 이혜민 기자, '한수산 작가 인터뷰 "소설은 '당사자'가 쓴다. 나도 그에게 포획됐다"'

『신동아』2016년 8월호, 이혜민 기자, '日 법적 책임 제대로 물을까 베일 속 '위안부 백서''

『신동아』2016년 5월호, 이혜민 기자, '가와타 후미코 일본전쟁책임자료센터 공동대표 재일 한국인 할머니들의 삶 기록'

『신동아』2016년 4월호, 이혜민 기자, '"진영싸움 끝내려 만든 영화"〈이준익〉, "가해자 양심에 울림 줬으면"〈조정래〉: '동주' 이준익 감독, '귀향' 조정래 감독 대담'

『신동아』2016년 2월호, 이혜민 기자, '"일본과 합의 전 실태조사 제대로 했어야" 위안부 피해자 기록관리 미흡'

『신동아』2009년 9월호, 이혜민 기자, '고미영의 동반자 김재수 산악대장 인터뷰 "미영 씨가 힘들어할 때 업고라도 하산할 테니 걱정하지 말라고 했는데…"'

『연합뉴스』 2017년 7월 26일, 이태수 기자, ‘김부겸 행안부 장관, ‘군함 도’ 관람…강제동원 유족 위로’

『조선일보』 2010년 4월 2일, 정한국 기자, ‘일제 강제징용 피해자 공익 재단 설립 추진’

『조선일보』 2010년 3월 27일, 박국희 기자, ‘일제 강제동원 한국인 노무 자들 공탁금명부 日서 처음 넘겨받아’

『주간동아』 901호(2013년 8월 27일), 이혜민 기자, ‘박유하 교수 “위안 부 강제동원 법적 책임, 인신매매업자에 먼저 물었어야”’

『주간동아』 883호(2013년 4월 15일), 이혜민 기자, ‘위안부 恨과 눈물 어찌 잊으리…경남 통영에 국내 첫 ‘정의 비’ 건립 뼈아픈 역사 기억’

『주간동아』 866호(2012년 12월 10일), 이혜민 기자, ‘고문으로 망가진 내 인생 털어놓으니 가슴 후련, 국가 폭력 공개증언 매달 한 번 씩 ‘마이 데이’로 상처 치유’

『주간동아』 863호(2012년 11월 19일), 요시미 요시아키 주오대학교 교 수, ‘우향우 일본, 미래는 없다’

『주간동아』 855호(2012년 9월 17일), 이혜민 기자, ‘사이판·팔라우 현 지 취재-위안부 그 생생한 증거들 “‘샤워 하우스’에 조센 레이 디가 살았다”’

『주간동아』 852호(2012년 8월 27일), 이혜민 기자, ‘“한국은 지금보다 더 많이 위안부 할머니를 보듬어라” 美 하원 위안부 결의안 주도 일본계 3세 마이크 혼다 의원’

『주간동아』 846호(2012년 7월 16일), 이혜민 기자, ‘일제 징용피해자 유 골 찾기 ‘현지 취재 70년 한 맺힌 사할린 망향가’

『한겨레』 2017년 8월 14일, 조기원 기자, “일본 정부가 산업위안부 모집 관여 증거’ 전시’

『한겨레』 2017년 8월 14일, 조기원 기자, ‘“홋카이도 탄광마을에 조선 여성 있는 산업위안소 있었다” [르포] 아시베쓰에 남은 슬픈 역 사의 흔적’

『한겨레』 2015년 7월 5일, 길윤형·김지훈 기자, '일 군함도 등 세계유산 등재…'조선인 강제 동원' 사실상 인정'

『한국일보』 2017년 7월 26일, 권영은 기자, ' "국민들이 강제징용 고통 알도록 해줘 고맙습니다" 강제 징용 생환자·유족들 영화 '군함도' 단체 관람 모임 마련한 김부겸 행안장관'

『한국일보』 2016년 6월 1일, 박석원 기자, '日 미쓰비시, 강제노동 中 피해자 3765명에 752억 원 보상금'

KBS 2017년 10월 19일, 이승철 기자, '日 탄광에까지 조선여성 동원… "산업위안부 4천~5천 명 추정" '

KBS 2017년 8월 1일, 이승철 기자. '군함도에서 생 마감한 18살 위안부 소녀'

웹사이트

브런치 '돌고래' brunch.co.kr/@dolphinhohoho

일제 강제동원 평화연구회 cafe.naver.com/gangje

행정안전부 과거사관련업무지원단 www.pasthistory.go.kr

저자소개

이혜민

과거사 전문기자 지망생이다. 2007년 동아일보사에 입사해 신동아, 주간동아에서 국군포로, 난민, 동성 애자, 범죄자, 위안부, 중독자 관련 기사를 썼다. 강 제동원 피해자 유해 발굴 현장인 사할린, 위안부 흔적 이 남은 사이판과 팔라우를 취재했다. 군사독재정권 피해자의 고통을 목격하고, 전두환 전 대통령을 인터 뷰해 책임을 물었다.

이화여대 정치외교학과를 졸업한 뒤 고려대 일반대학 원 사회학과(석사)를 수료했다. 귀환한 국군포로 40여 명의 한국 사회 적응 연구를 위해 고군분투한다. 두 아이의 엄마로 광화문이파리, 동아일보사, 역사문화 콘텐츠공간, 일본어학원을 오간다.